U0135469

千 佛

敦煌石窟寺的古代佛教壁画

THE THOUSAND BUDDHAS

ANCIENT BUDDHIST PAINTINGS FROM THE CAVE-TEMPLES OF TUN-HUANG ON THE WESTERN FRONTIER OF CHINA

〔英〕马尔克·奥莱尔·斯坦因 著

郑 涛 译

浙江人民美术出版社

图书在版编目（ＣＩＰ）数据

千佛：敦煌石窟寺的古代佛教壁画 /（英）马尔克·
奥莱尔·斯坦因著；郑涛译. — 杭州：浙江人民美
术出版社, 2019.4（2020.7重印）

ISBN 978-7-5340-6145-5

Ⅰ.①千… Ⅱ.①马… ②郑… Ⅲ.①佛教—敦煌壁画
—介绍 Ⅳ.①K879.41

中国版本图书馆CIP数据核字（2019）第051321号

千佛：敦煌石窟寺的古代佛教壁画

〔英〕马尔克·奥莱尔·斯坦因 著
郑　涛 译

策划编辑　屈笃仕
责任编辑　姚　露
装帧设计　王妤驰
责任校对　黄　静
责任印制　陈柏荣

出版发行　浙江人民美术出版社
　　　　　（杭州市体育场路347号）
网　　址　http://mss.zjcb.com
经　　销　全国各地新华书店
制　　版　浙江新华图文制作有限公司
印　　刷　浙江海虹彩色印务有限公司
版　　次　2019年4月第1版
印　　次　2020年7月第2次印刷
开　　本　889mm×1194mm　1/32
印　　张　6
字　　数　125千字
书　　号　ISBN 978-7-5340-6145-5
定　　价　52.00元

纪念拉斐尔·彼得鲁奇

他对远东艺术贡献巨大

本书的研究成果大多归功于他

他帮助策划的这本书

充满了

钦佩、爱慕和悲伤

TO THE MEMORY OF

RAPHAEL   PETRUCCI

TO WHOSE DEVOTION TO FAR-EASTERN ART

THE STUDY OF THESE PAINTINGS OWES MOST

THIS ALBUM WHICH HE HAD HELPED TO PLAN

IS DEDICATED

IN ADMIRATION, AFFECTION, AND SORROW

目　录

前　言

　　1906 年到 1908 年之间，我开展了第二次中亚探险之旅。其间有幸在敦煌附近的千佛洞发现了尘封已久的藏经洞，洞中藏有众多珍贵的古代佛教绘画，我从中遴选了一部分，汇编成此书，为的就是向热爱东方艺术的学子们展现它们的面貌。劳伦斯·宾雍（Laurence Binyon）所撰写的导论总结了这批文物发现过程的基本情况。对其中细节和当地环境感兴趣的人，可以参阅我关于这次探险的考察报告《中国沙漠中的遗址》(Ruins of Desert Cathay)[1]。这片化外之地位于中国西陲，与亚洲腹地的大荒漠接壤，这些遗迹之所以能够保存下来，与这里的自然环境密切相关。这一系列探险的最终报告名为《西域考古图记》(Serindia)，最近刚由牛津大学出版社发行，其中所记载的相关情况更为详尽。[2]

　　佛教艺术源自印度，经由中亚传播到远东。由杰出专家宾雍所撰写的导论清楚地阐明了深入研究这些画作的意义，它们不仅能帮助我们研究佛教艺术，还对我们研究整体意义上的中国艺术史具有重要价值。这些画作中的不同类别反映了来自西方艺术、南亚艺术和东方艺术的影响，它们中的一些还显示出了惊人的艺

---

〔1〕参见 Ruins of Desert Cathay (Macmillan & Co., London, 1912)，ii. pp.20-31, 163-234。

〔2〕参见《西域考古图记》，斯坦因撰（Clarendon Press, Oxford, 1921, vols. i-v, Royal 4to)，pp. 791-825。

术融合，这对于我们研究艺术影响问题亦有帮助。

不过总的来说，这些画作的主题都来自佛教典故和传说。盛行于中亚和东亚的大乘佛教传播了这些典故和传说，它们还决定了画作中人物和场景的表现方式。想要理解这些艺术，我们必须掌握与传统佛教主题及表现方式相关的知识。因此，我将在每幅图版的说明文字中补充相应的图像学信息，以便于普通学生理解其中的主题和细节。我们目前的研究水平已足以提供此类信息。在说明文字中，我还会记录每幅作品的保存情况、技法特点和设色情况等信息。

至此，我已经简要地阐明了此书的意义和范围。我仍需说明与此书相关的前期准备工作。此外，我还要对各方给予的协助表达感谢，没有这些协助，我根本无法达成出版此书的夙愿。这数百幅绘画，绝大部分绘制于上等绢之上，它们数百年来一直处于众多抄本的重压之下，大多被压成了紧实的小包。宾雍在导论中提到了大英博物馆所做的精细工作。馆方花费了大量时间，安然无恙地打开和清洗了这些画作，为我们的研究提供了先决条件。在藏经洞初次邂逅这些画作时，它们浓厚的艺术性就已经深深地打动了我。然而，只有在修复工作取得进展之后，我们才可能全面地了解这些材料的多样性和意义，它们呈现的新问题，以及深入研究、阐释它们的难点。

这些绘画中那些直接源于希腊式佛教艺术的特征以及源自传播路径上中亚、吐蕃地区的特征直白地体现了融合性的影响。不过，其中占主导地位的显然是中国趣味和风格。在图像学方面，虽然这些绘画中的各式图像都来自印度的概念和形式，然而，在传播到中国之后，它们都发生了重要的转变。阐释这些画作的主要依据是将其与远东（特别是日本）晚期大乘佛教艺术作品进行对比，以及释读画作中经常出现的中文题记。因此，针对这部分的任务，我需要一位助手，他不仅要熟悉佛教图像学和汉学，还必须了解远东艺术。

1911年秋，在宾雍先生的友好引荐之下，我在离开英国之际找到了一位名叫拉斐尔·彼得鲁奇（Raphael Petrucci）的优秀助手。彼得鲁奇在多个研究领域卓然成家，且对远东艺术有着浓厚的兴趣，涉猎远东艺术的评论、鉴赏和收藏。此外，他还是汉学大师沙畹（Chavannes）的学生。他出版过众多以中日艺术为主题的重要著作，这表明他是这项艰巨任务的不二之人选。在接下来的两年里，彼得鲁奇孜孜不倦地钻研了这些画作及上面的题记。他的研究成果将作为《西域考古图记》的附录出版，考虑到其体量，这份附录可能会单独成卷。

1913年，他向我出示了一份手稿，其主题是关于敦煌画作发愿文的导论。我在同一年开始了第三次中亚探险，其间他又撰写了一篇关于曼荼罗的论文。在这批画作中，曼荼罗是好几幅艺术性突出的大尺幅作品的主题。[3]除了上述贡献之外，彼得鲁奇还收集了大量中文文献材料，用以识别画中的本生故事和神明身份。然而，德国入侵比利时使得他与家乡布鲁塞尔以及这批材料失去了联系。世界大战中断了他的这项重要工作。尽管如此，他还是在志愿参与比利时红十字会医疗任务之余，再次研究了这批

---

〔3〕在傅舍（Foucher）、李维（Sylvain Lévi）等好友的共同帮助下，沙畹将这些文章出版于《西域考古图记》的附录E中，pp. 1392-1428。

画作，并为敦煌画作的编目工作提供了专业协助，他还在吉美博物馆年刊中发表了关于这些画作的启发性短文。[4]

1916年5月，我结束了第三次中亚探险，回到欧洲。此时彼得鲁奇住在巴黎，他仍然对完成这项研究热情十足。几个礼拜之后，我与他取得了联系，并告知了他遴选出版部分敦煌画作以飨更多远东艺术学子这一难得的机会。我将在下文详细阐述这一契机。他自告奋勇，愿意承担其中大部分说明文字的撰写工作。不过就在几个月之后，他患上了内疾。直到1916年秋天，他还有精力参与本书绘画的遴选工作。然而，到了1917年2月，他的病情开始恶化，他不得不接受了一次大手术。手术本身很成功，可一个礼拜后他却在医院因白喉感染而去世。命运之神无情地带走了这位重要的帮手和朋友，幸运的是，我们可以通过出版这本他做出过重大贡献的书来缅怀他。

根据印度事务大臣于1911年所批准的计划，我第二次中亚探险的详细考察报告需要包含所获千佛洞文物的明细表和系统性研究。带着这个目标，除了寻求彼得鲁奇的帮助之外，我还尽可能多地利用《西域考古图记》这本包含众多遗址发现的图书，来翻印关于藏经洞出土的独特绘画、素描和木刻标本的图版。[5] 然而，想要准确反映出藏经洞绘画的图像学价值和考古价值，有两大难点：一是《西域考古图记》的图版数量和大小均十分有限；二是印刷彩色图版花费甚昂。此外，可以想见的是，无论《西域

---

〔4〕参见 Petrucci, *Les peintures bouddhiques de Touenhouang, Mission Stein* (Annale du Musée Guimet, Bibliothéque de vulgarisation, xli, 1916, pp. 115-140)。

〔5〕参见《西域考古图记》卷4，图版 LVI-CIV。

考古图记》的小幅图版数量有多少，尤论其中对于这些新材料的阐释和分析有多详尽，此书的性质、块头和价格都不便于仅对藏经洞绘画艺术价值感兴趣的学子使用。

出于这些原因，一直以来，我都试图出版关于这些绘画的单行本。1911 年末，我因工作缘故回到了印度，并于 1913 年到 1916 年执行了第三次中亚探险，纷繁的事务和遥远的距离使我无法启动这个项目。幸运的是，在探险完成之后，一位富有远见的政治家，时任印度事务大臣的奥斯丁·张伯伦（Austen Chamberlain）阁下，对这一项目表现出浓厚的兴趣。他极为重视这批画作，并认为有必要在它们分散于大英博物馆和德里之前，完整地记录它们。这促使了印度事务处官员同意与大英博物馆理事会携手，以不超过 1900 英镑的花费出版本书。在"一战"的硝烟之中，张伯伦先生及时雨般的帮助让我铭记至深。

书中的图版均由班伯里的亨利·斯通父子印刷公司（Messrs. Henry Stone & Son）以三色网版法制作。该公司由印刷专家、大英帝国司令勋章获得者 J. A. 米尔恩（J. A. Milne）管理，曾制作《中国沙漠中的遗址》及《西域考古图记》的彩色图版，无疑是本书彩版制作的首选。[6]他们高超的技巧和细致的工作造就了这些逼真的图版，由于我了解制作图版（尤其是彩色图版）的技术难点，所以我对他们的贡献万分感激。1917 年秋，我回到了印度，之后，宾雍接替了我，全权负责此书印刷过程中的所有流程。

─────────

[6] 蒙牛津大学出版部印刷所准许，本书翻印了《西域考古图记》中的 7 幅彩色图版。

在宾雍持久不懈的监管之下，大英博物馆版画与素描部花了近七年的时间才安全地处理和修复了这些绘画。学子们之所以能够轻松地欣赏这批佛教艺术遗存，是因为宾雍为此倾注了心血和智慧。对这些学子来说，宾雍的另一大贡献就是撰写了本书的导论。宾雍在导论中就远东佛教图像艺术的发展史及相关问题做出了专业性的阐释，填补了因彼得鲁奇突然离世而带来的缺憾，对此我深表感激。

彼得鲁奇之死还为我带来了意想不到的困难，即为本书和《西域考古图记》撰写说明文字。对于这项任务来说，我的能力有诸多缺陷。尽管我对希腊化佛教艺术的图像十分熟悉，我还有幸发掘了一批中亚的佛教艺术遗迹，可我从未系统性地研习过远东宗教艺术。中国西陲（包括塔里木盆地）的考古工作占据了我的绝大多数时间，这些地区的地理和历史是我主要的研究对象。此外，我还缺乏汉学功底。

幸运的是，再次进入中亚地区进行探险之前，我花了很大的精力来确保画作详细说明的顺利撰写。《西域考古图记》中包含一张明细表[7]，此表主要出自 F. M. G. 洛里默（F. M. G. Lorimer）小姐之手。作为我在大英博物馆收藏的研究助理，她的辛勤劳动具有十分重要的价值。除了彼得鲁奇的阐释之外，我的好友和首席助手 F. H. 安德鲁斯（F. H. Andrews）提供了艺术方面的信息，大英博物馆的 L. 吉尔斯博士（Dr. L. Giles）和 A. D. 威利（A. D. Waley）提供了关于中文题记的信息，两位日本专家多木（Taki）

---

[7] 参见 *Serindia*, Chapter XXV, section ii, pp. 937-1088。

教授和矢吹（Yabuki）先生补充了众多图像方面的阐释。在这份明细表的帮助下，我才得以在《西域考古图记》中提供关于敦煌图像类文物的系统性评述。[8] 这些评述又在极大程度上帮助我撰写了本书的说明文字。前文所引的《西域考古图记》章节能够补充本书未能提供的细节。

我还想表达对安德鲁斯、宾雍和 C. E. 弗里曼（C. E. Freeman）三位好友的感谢，他们为本书的图版制作和印刷做出了巨大贡献。我希望本书能受到东西方读者的喜爱，以此来回报他们在这个非常时期所做的牺牲。

斯坦因

于克什米尔默罕德·马格（Mohand Marg）营地中

1921 年 6 月 2 日

---

[8] 参见 *Serindia*, Chapter XXIII, sections i-ix, pp. 831-894。

敦煌绘画及它们在佛教艺术中的地位

导 论

劳伦斯·宾雍

I

斯坦因爵士在中国西陲的敦煌千佛洞发现并运回了大批珍贵文物，本书中的绘画和素描均选自这批文物。斯坦因爵士在《中国沙漠中的遗址》的第二卷中详细描绘了这次发现的离奇背景。读者们可以参阅这部分的内容。不过，我认为仍有必要在此略述这次发现的主要事实。

在 1906 年 4 月离开克什米尔后，斯坦因爵士的探险队于次年 3 月抵达敦煌。他们先到了喀什，然后经由叶尔羌抵达和阗。斯坦因爵士在前一次探险中（1900—1901）推翻了此处留存有古代文明遗迹的论点。接着，他们沿着大戈壁的南端一路向东，探索了沿途众多遗址，并取得了丰硕的成果。最后，他们抵达甘肃省西部的敦煌。

带有四方城墙的敦煌城位于一处繁荣的绿洲之中。斯坦因爵士之所以会去那里，是因为他得知此地附近有一个叫作"千佛洞"的石窟，石窟中有大量古代佛教壁画和雕塑。[1]可抵达敦煌

---

〔1〕关于敦煌洞窟的壁画和雕塑，可参见伯希和，*Les Grottes de Touen-houang, Peintures et Sculptures des époques des Wei, des T'ang et des Song*（Paris, Paul Geuthner）。

之后，一个穆斯林商人向他透露了这样一个传闻——几年前，有人在千佛洞的一个石窟里偶然发现了一处藏有手抄本的洞窟。对于考古学家来说，这个消息显然更令人兴奋。在敦煌城的西南边，有一个荒凉的山谷，山谷下方有一块狭长形的田地，上面长着好几排榆树和杨树，上方是一块悬崖，悬崖上密密麻麻地排布着数百个洞穴。人们将这些洞穴开凿成了石窟，至今香火不绝：石窟的内墙上全是古老的壁画。

掌管这些石窟的道士在其中一个较大的石窟里发现了藏经洞。这个道士将从信徒处募得的钱财，用于这个石窟的修复工程。这是一项艰苦卓绝的工作，和别的石窟一样，落石和积沙堵塞了这个石窟的入口。在进行真正的修复工作之前，必须先清理掉这些东西。石窟寺和门厅的过道里有一堵布满壁画的墙壁，人们在修复过程中发现这堵墙壁上有一条裂缝。裂缝里面有一个洞，此洞是由土墙后方的岩石开凿而成。洞中满是各类抄本。道士将洞中的部分抄本送到了陕甘总督那里，可总督却丝毫没有转移这些抄本的打算；事实上，在斯坦因爵士刚到千佛洞时，一扇木门牢牢地锁着这个洞窟；在他结束为期一个月的探险离开敦煌之际，洞窟前面砌起了一堵墙，用以保护其中的珍宝。

关于斯坦因爵士与这个道士交往的经过，读者们可以参阅斯坦因爵士的著作《中国沙漠中的遗址》。这个道士先给斯坦因爵士看了一些图籍，后来又让他带走了大批图书和绝大多数绘画。

起先，斯坦因爵士听说这个洞里只有图书；可在打开一捆图书之后，他惊喜地发现其中包含一些绢画。这些绢画都被压得皱巴巴的。似乎人们是在蛮族入侵之类的危急情况下匆忙地隐藏了这批东西。事实上，其中一幅绢画的发愿文就是关于请求观音菩萨庇佑，以免受鞑靼人和吐蕃人的侵略之苦。敦煌位于中国西部边境，是东西走向的亚洲主要商路和南北走向的大道（北连蒙古，南接西藏）的交汇之处。这样的地理位置，使其特别容易遭受侵略。这批珍宝中的系年文献显示，其中的绝大多数都是在10世纪末入藏此洞。

关于此洞，著名学者、旅行家伯希和（Pelliot, M. Paul）是一个绕不过去的人。他在一年之后来到千佛洞，蒙道士允许，带走了剩下的绘画和一大批抄本。这批珍宝现藏于法国国家图书馆和卢浮宫。剩下的抄本根据官方命令被送到了北京，其中的大部分"遗失"在了路途之中。

在这批绘画抵达伦敦之前，我们无法对其进行任何真正的研究。我们小心翼翼地打开所有包装，展开那些脆弱且布满灰尘的绢画（其中一些已经碎成了数百片），然后对其进行了清理和必要的拼合。大英博物馆版画与素描部的装裱师们花了好几年的时间才完成了这些工作。

在清理这些画作的过程中，我们发现其中大部分颜料仍然鲜艳夺目；不过，一些施用铜绿的部分发生了侵蚀绢质的情况，某些人物只剩下了隐约的轮廓。我们极力避免对这些画作进行修复；不过，在成为碎片的画作放在素绢上重新装裱之后，其中的空缺部分变得不再明显，原本的图案重新显现了出来。其中有几幅画作仍然保持着原有的装裱，这些装裱通常是颜色暗沉的桑紫色绢。数量众多的小幅原来都有三角形的幡头和长条形的丝质饰带，饰带底部皆附有木质的悬板，用以在悬挂时稳定幡身。绝大多数幡的两面都绘有图案。

　　精细的装裱和清洗工作是由 S. W. 利特尔约翰（S. W. Littlejohn）完成的。他是大英博物馆版画与素描部的首席装裱师。在这项工作的后期阶段，日本艺术家、工匠漆原先生（Y. Urushibara）提供了协助。此外，皇家刺绣学院的 E. A. 温特（E. A. Winter）小姐为一幅刺绣作品（图版 34）制作了精致的帆布背衬。1914 年 5 月，国王陛下在最新落成的大英博物馆下层展厅中揭幕了斯坦因爵士第二次中亚探险珍宝展，其中囊括了这批珍宝中最为重要的绘画、素描和木版画。没过多久，就爆发了第一次世界大战，大英博物馆也随之闭馆。这一不幸事件使得世人无法真正了解这次展览。1917 年，在皇家卫戍炮兵团服役的利特尔约翰不幸阵亡。在离开大英博物馆前的最后几个月，他正在撰写关于日本"挂轴"（kakemomo）装裱法起源的文章。熟悉日本画的人应该知道，"挂轴"指的是用绫装裱的绘画，画幅的上端和下端都有织锦隔水，顶端还有两条惊燕。据说，惊燕的作用是赶跑鸟儿和恶灵。不过，这种说法显然不能让人满意。利特尔约翰认为，惊燕脱胎于敦煌幡中的丝质饰带。这种解释显得更为合理。此外，利特尔约翰还提出，日式装裱（其实它源自中国）受敦煌幡的影响极深。

II

　　斯坦因爵士从敦煌带回来的绘画珍宝现分藏于印度政府和大英博物馆两处。这批珍宝包括：大小不一的祈愿画（主要为绢本，也有少部分纸本），其中有一些高达六到七英尺（约 1.83—

2.13 米）；众多丝质小幡和亚麻大幡；几件华丽的刺绣，本书收录了其中的两件（图版 34 和图版 35）；轮廓草图和木刻版画。

本书遴选绘画的标准是其与学习东方艺术的相关性。

其中绝大多数绘画的主题源自佛教。乍看之下，这批主题雷同的绘画可能会让人觉得千篇一律。通过仔细研究，我们会发现其中具有惊人的变化。这些变化源自风格差异。而风格差异既来自绘制时代的差别，更来自绘制地点的不同。此外，绘画者技艺的高下也在一定程度上影响了风格。由于这些绘画存放于同一地，人们会想当然地认为它们都是同一个地方画派的作品。然而，只需多看上几眼，我们就能发现这并非实情。其中有完全属于印度风格和尼泊尔风格的标本（就艺术性而言，这些标本算不上绘画），也有明显的吐蕃风格佛画，还有纯粹的中国本土风格佛画；当然，其中也不乏包含不同比例汉地、藏地、印地风格元素的作品。我们可以将这种融合性的作品归入中国南疆画派名下。这一画派以地区为名，其东缘与中原接壤。

几年前，除了著名的印度阿旃陀石窟壁画和日本大师的作品（奈良法隆寺壁画是最具代表性、最为古老的日本佛画之一）之外，欧洲人对佛教绘画几乎一无所知。众所周知，日本佛画以中国佛画为原型，一些中国早期佛画至今仍保存于日本。不过，日本现存众多古代佛绘（butsu-yé），与它们相对应的中国标本却十分罕见。在对中国早期佛教艺术知之甚少的情况下，我们对印度佛教艺术传入中国的过渡地带南疆的了解更为匮乏。如今，经过多次探险和发掘，佛教艺术的发展史和东进史变得越来越明确。斯坦因爵士的探险成果提供了一些最为关键的材料。

　　在这些绘画中，印度元素表现得最为明显。它们的发现地千佛洞开凿于悬崖峭壁之上，这源自古老的印度佛教传统：我们一眼就能看出它与阿旃陀石窟之间的联系。不过，我们还能在这些绘画中看到其他元素。

　　佛教是如何传入中亚的？它从印度本土沿着西北边境的白沙瓦（Peshawar）山谷（彼时称作犍陀罗国 [Gandhāra]）一路向北传播，接着又沿着丝绸之路向东穿过戈壁，传入中国。犍陀罗是这段漫长旅程的第一站。我们今天所熟悉的远东佛教艺术，正是发轫于犍陀罗。如今，制作于公元 1 世纪到 6 世纪之间的犍陀罗雕塑举世闻名。大英博物馆就藏有一组精彩的犍陀罗雕塑。它们代表了佛教对晚期希腊化雕塑传统的改造和利用。佛教艺术的各大类型均成型于犍陀罗。犍陀罗艺术通过吸收希腊化雕塑的理想形态，最先创造出释迦牟尼佛的形象。在佛陀涅槃后的几个世纪里，印度艺匠始终怯于表现佛陀的形象。

　　希腊化艺术元素在姿态、衣纹、莨苕纹饰等装饰母题中表现得十分明显。在佛教艺术发展的后期，这些特征渐渐淡化。不过，即使到了今天，我们仍能在日本佛教艺术中找寻到其中一些元素的痕迹。于阗古国遗址位于塔克拉玛干沙漠南端，拉达克（Ladākh）和克什米尔东北边境山脉的北面。斯坦因爵士在第一次探险（1900—1901）中，在这里发现了于阗古国的遗迹。于阗人在公元 3 世纪因沙土侵蚀离开了这里。在遗址中留存有大量早期印度语文书。这些文书写于木简之上，以细绳串联并附封印。大部分封印都是希腊封印，上面刻有雅典娜、赫拉克勒斯等神祇的形象。此外，在第二次探险中，斯坦因爵士还在于阗古国东侧的罗布泊附近发现了米兰（Miran）遗址，这里的佛教遗迹中有绘制于公元4世纪的晚期古典风格壁画。

诚然，在亚洲的荒漠中出现带有希腊风格的艺术品让人感到惊异，不过希腊风格的影响并不具有决定性作用。对曾经兴盛于中国西部荒漠绿洲带的文明来说，来自印度的影响才是最重要的。这些文明将佛教视作主要的教化途径，并从犍陀罗艺术中汲取艺术灵感。而犍陀罗艺术中又不乏来自波斯的元素。因此，这些沙漠遗址和中国艺术中也存在伊朗装饰母题，一些敦煌抄本也是用伊朗方言粟特语写就的。南疆艺术杂糅了众多元素，这反映了其文明的融合性。

佛教又是如何传入中国的？从公元前2世纪到公元1世纪，中国奉行的是军事上和政治上的西进政策，这既是为了扩张商路，也是为了巩固边防，以抵御匈奴等部族的掠夺。南疆成为中国的附庸。其后，中国对这一地区的控制力逐年减弱。直到公元7世纪，在一位伟大的唐朝皇帝的统治下，中国再次将南疆地区纳入版图。中国的政治影响力一直向西延伸至波斯边境和里海沿岸。然而，中国的影响主要局限在政治领域，其对当地文化的影响十分有限。当然，我们还是可以在这些文明的工艺和艺术中发现源自中国的特点，越往东走，这些特点就表现得越加明显。

古老的丝绸之路连接了东方和西方，将中国的丝织品运往安提俄克（Antioch）和罗马帝国。丝绸之路不仅是贸易之路，它还是观念和宗教传播之路。在公元系年之初，神秘信仰在东西方异常兴盛。此时，基督教和密特拉教正在罗马帝国内一决高下，而佛教则一路向东凯旋。此时的佛教，已经不再是乔达摩·悉达多所宣扬的朴素道德教条。佛教的晚期形式叫作大乘佛教，它与成型于公元 1 世纪的早期佛教小乘佛教针锋相对。大乘佛教不再以追求个体的解脱为目的，而是以普度众生、同体大悲为信念。在大乘佛教中，菩萨逐渐成为大众顶礼膜拜的对象。菩萨可以是为了普度众生而拒绝成佛的人，也可以是化作人形的神。观音菩萨就属于后一种。他是大乘佛教中最受欢迎的神祇。他在艺术中既有男相，也有女相。在晚期艺术中，女性形象的观音是主流，而在敦煌绘画中，大部分观音为男相。观音是无量光佛阿弥陀佛的辅弼。阿弥陀佛建立了西方净土，信仰阿弥陀佛者将往生于此。在通俗信仰中，往生于西方净土的信众将获得永生。值得注意的是，尽管有时仍被描绘成极乐世界的主宰，释迦牟尼已经不再具有至高无上的地位。大幅刺绣画（图版 34）还描绘了释迦牟尼站立在灵鹫山上的形象，此处是佛陀涅槃前最后的说法之地。

观音菩萨是慈悲的化身，文殊菩萨是智慧的化身，普贤菩萨是行德的化身，地藏菩萨是地狱的普度者，并放大光明普照阎罗国。药王菩萨是万药之主。弥勒佛则是未来佛。

除了佛与菩萨之外，作为四方守护神的天王也经常出现在佛教艺术之中。天王源自佛教对原始恶魔崇拜的吸收。

敦煌绘画的主题包括菩萨像（特别是观音菩萨像）、天王像；佛传故事和本生故事小画；西方净土变相。某些西方净土变相画得极为繁复，其中包含大量聚集于宝台、宝阁之下的人物及莲池，空中飘着花雨，随从以歌舞的方式颂扬西方极乐净土。

释迦牟尼所宣扬的解脱法门以四圣谛、八正道为代表，它们显然与敦煌净土变所宣扬的教旨相距甚远。在佛教传播的过程中，它不断吸收所接触到的其他宗教教义。阿弥陀佛可能来自密特拉教，菩萨可能是神化后的英雄。在南疆地区，由波斯人摩尼（Mani）于公元3世纪所创立的摩尼教扎下了根；在吐鲁番（斯坦因探索过的绿洲之一），摩尼教、佛教、基督教和平共生。

对宗教研究而言，这些位于塔克拉玛干沙漠和罗布泊边缘的遗址中所发现的艺术品具有不可替代的价值。不过，以艺术价值论，这些地域性作品的重要性较为有限。

III

然而，敦煌毕竟位于中国境内，中国艺术在7到10世纪的唐代无比兴盛。我们可以想见，大部分敦煌绘画均为地域性作品（如图版24和图版26），不过，其中仍有相当一部分中国正统佛画。在发现敦煌绘画之前，几乎没有唐代佛画传世。因此，对于研究中国艺术而言，敦煌绘画的重要性不言而喻。

我们如何确定这部分绘画属于中国正统佛画？我们的依据是现存于日本的早期佛画。日本的寺庙保存了不少佛教绘画杰作（其中一些可能是中国佛画）。就算我们不清楚早期日本绘画的风格完全来自唐代绘画，某些敦煌绘画与同时代日本佛教艺术惊人的相似性，仍然能够证明这一点。

图版3看起来像是巨幅绘画的上半部分，实际上所表现的是一幅大型绘画的左半部分。这幅作品的图版拍摄过程困难重重。虽然这幅图版的效果出乎我们的意料，不过想要真正领略此画的细节魅力（尤其是菩萨的开脸），就必须欣赏原作。画中的每一

个人物都形象优雅，这让全画更显得祥和肃穆。此画显然是大师手笔。能与此画相媲美的是另一幅大画。图版 1 和图版 2 均为这幅画的局部。此画色彩鲜活，且描绘方式极具表现力。画中到处都是精美的细节描绘。例如，图版 1 的右上方有一个亭子，亭中坐着一位背对着我们的人物，这位人物姿态优美，充满了魅力。此画的作者也是匠心独具的大师。

这两幅画的作者通过运用多种材料和形体塑造出和谐融洽的画面，画中毫无杂乱感。这两幅画将我们带入了一个格外静谧的世界，然而在这个静谧世界之中又不乏丝竹管弦及舞蹈。

这两幅画在艺术性上是独一无二的。其他画虽然稍逊一筹，但它们的构思和描绘亦无丝毫匠气。图版 4 和图版 5 这两件残片、图版 20 的观音像、图版 45 的毗沙门天王像在艺术性上与这两幅画最为接近。再次一等的画作有图版 17 的千手千眼观音像，图版 18、19、21 的观音像，以及一些净土变相和幡画。随着绘画质量的下降，我们会发现绘画细节的随意性与画面的庄严肃穆性之间的对比越来越强烈。这些画家虽然不是大师，可他们都属于一个伟大的画派。面对图版 15（二观音图）这样的作品，我们能够感受到：除了笔法相较僵硬之外，这幅构图精严的作品是当之无愧的杰作。从这幅画中，我们可以隐约感受到唐代大师的伟大之处。

比起南疆探险过程中所发现的其他艺术品，敦煌绘画的艺术性是至高无上的。我们应该更进一步地探究这些作品。

佛教和印度艺术似潮水般涌入西域，在遭遇了西域的次等文明之后，首次与中国本土艺术发生碰撞。中国艺术历史悠久，具有原创性和本土性。佛教在经历了数度起伏之后，稳稳地扎根于中国。佛教绘画需要绘画大师来进行创作。这些大师所创造的作品究竟是什么模样？

我们无法确定早期的中国艺术家如何处理佛教主题。早在公元 1 世纪，佛像就从印度传入中国。此后，人们开始收藏和研究佛像。图版 14 是一幅特别有意思的画作，就我们所知，此画是独一无二的。它由一组印度佛像的素描构成。公元 7 世纪的朝圣者玄奘从印度带回了不少此类佛像。我们知道，4 世纪的著名画家顾恺之画过许多佛像，不过无论是大英博物馆的《女史箴图》还是弗利尔美术馆的《洛神赋图》，都没有佛教艺术的痕迹。相反，它们都具有纯粹的中国本土风格。

在这批绘画中，不难发现纯粹的中国本土风格，不过在主要人物的描绘上偶见印度风格。许多大型净土变相图的两边各有一条边带。这些边带分成了几个隔层，上面描绘有本生故事。这让我们想到了意大利的祭坛画。图版 1 是一个绝佳的例子，其右侧是整条边带的一部分，画中的人物、衣饰、山水、描绘风格、间距均为中国本土风格。如果不是其佛教主题，我们肯定无法想到此画与印度有关。在一些小幡中，本生故事构成了整个画面的主题。每幅幡上通常有三个以上的场景，图版 12、图版 13 和图版 37 就是这类幡的例子。幡中还有佛传故事场景，其中包括白象入梦、树下诞生、步步生莲、文武兼备、四门游观及夜半逾城。这些场景的描绘方式全都来自中国本土风格，无论是人物形象、衣饰、建筑还是图像寓意。在彻悟成佛之后，画家才开始用源自犍陀罗风格的印度形象来描绘佛陀。

那为何中国画家在描绘佛、菩萨、罗汉和天王时会亦步亦趋地采用印度画法？15世纪的意大利和尼德兰画家在描绘《圣经》场景时，会以传统的东方装束表现基督和使徒，但在表现普通人的时候，他们却会用本时代、本地区的装束。或许中国画家的做法与这些欧洲画家相似。这可能是一种合理的解释。然而，我们注意到，自从中国画家接触了犍陀罗艺术之后，他们就忠实地模拟这些作品；我们还知道，本生故事是犍陀罗艺术中经常出现的主题，它们的表现形式与菩萨像并没有什么不同；再考虑到年轻佛陀在幡画中的形象是一位身着汉服的汉人，我们可能会做出新的假设。我们可以这样认为，在中国画家最初描绘佛陀传说时，他们所接触的只有书面和口头的佛教材料，因此，在没有艺术原型可以参考的情况下，他们选择以自己固有的方式和习惯来进行描绘，这种风格和处理方法就这样传承了下来。这种艺术传统（值得一提的是，这种风格一直保留在日本艺术中）是佛教初期阶段的特征，此时，僧侣口中的佛陀传说要比菩萨崇拜更为重要。不过这仅仅是另一种假设，前面那种简单的解释可能更为合理。

无论如何，我们必须指出中国绘画是一种独立而成熟的艺术传统，不管从别的艺术中借鉴了多少元素，它都能将这些元素融入自身风格之中。在探讨中国艺术对印度主题的吸收问题之前，我们得先完成对敦煌绘画中纯粹中国特征的研究。

除了本生故事之外，许多绘画的底部还有供养人像。对研究中国绘画的学子来说，它们是无比珍贵的史料。它们提供了某一时间段人物的形象，其中包括人物的衣着打扮（我们常常能凭借这点来为画作断代），它们还为我们了解彼时的世俗艺术风格提供了途径。

想要断代和了解某一时期的艺术风格，就必须掌握可靠的系年作品。研究中国早期艺术的人都知道，想要找到这样的作品困难极大。我们原本仅能了解某一时代和某位画家的大致风格，可在敦煌绘画中我们找到了系年作品，这成为进一步研究的起点。

这批绘画中有一幅叫作《四身观音菩萨像》（图版 16）的画，其上有对应公元 864 年的年款。这是敦煌绘画中最古老的系年画作。其他画作的创作年代都在公元 9 世纪晚期到 10 世纪早期。

在将图版 16 与其他无系年作品进行比较后，我们可以确定绝大多数画作完成于唐代中后期（7 世纪到 10 世纪）。当然，由于上文提到过的原因，我们还无法精确地为这些作品断代。

除了大英博物馆所藏《女史箴图》和弗利尔美术馆所藏《洛神赋图》之外（这两幅作品均传为顾恺之所作），我们对唐代之前的中国绘画几乎一无所知。无论这两幅作品是否为 4 世纪的原作，它们无疑都反映了那个时代绘画的主要特征。它们对人物的表现十分精妙，并格外擅长使用绵延的长线，这既是出于对这种技法的喜爱，也是为了追求动感。此外，这两幅画的山水部分都很质朴。

本书中的绘画与这两幅画没有什么可比性；不过有一点是显而易见的，那就是它们对人物形象的处理差异甚大。顾恺之画中的人物体态瘦长，而唐代绘画中的人物则变得相对矮胖。对力量的追求胜过了对优雅的追求。

在山水元素的处理方面，比起成熟的宋代绘画，敦煌绘画显

得有些笨拙，不过比起顾恺之画中的山水，它们又优秀许多，这
也是值得关注的一个点。

　　在敦煌绘画中，至少有一幅作品（图版 38）的年代看起来
要比其他作品早。这幅画描绘的是佛陀在星宿神的陪同下前进的
场景。这幅画与顾恺之风格相近，用的也是精细的干笔线条，其
中的人物形态也很像顾恺之，全画风格十分质朴，且受到印度艺
术的影响相对较少。带有华盖的马车可以与《洛神赋图》中的马
车相比较。不过，此画上的年款所对应的日期为公元 897 年，这
比《四身观音菩萨像》的时代要晚。与之相似的是，有一幅年
款为 947 年的木刻版画看起来比 868 年的木刻版画更质朴、更粗
陋。这些对比提醒我们不要轻易地判断画作的年代，很有可能年
代最早的作品反而最为精细。另一幅具有古代风格的画作是一幅
小画（图版 39），此画绘制于蓝色绢之上，描绘的是端坐于宝座
之上的地藏菩萨。我们无法肯定，画中的原始性特征究竟是来自
其年代，还是来自地域风格中所延续的古老传统。我们必须牢
记，千佛洞中某些抄本的年代早至公元 5 世纪。因此，就算一些
画作的年代要比最早的系年画作早许多，那也不足为奇。

　　这批绘画中有一两件可能是在相对较晚的时间封入藏经洞
的。其中之一是图版 38 的《引路菩萨像》。此画的保存情况非
常好，它的风格和仕女装束都表明这是一幅晚唐之后的作品。这
是一幅绝美的杰作。

　　我们现在可以回过来讲印度主题是如何融入中国风格这一
问题。

　　如前文所述，描绘本生故事的叙事画最早以纯粹的中国本土

风格绘制，画中的所有元素均由中国艺术元素表现。这一传统延续了很久，就连日本的佛传绘画用的也是中式服装。不过，用于顶礼膜拜的画作则有所不同。早在公元 5 世纪，中国艺术家就开始模仿犍陀罗菩萨像，云冈石窟的塑像就是这方面的例证。然而，正如彼得鲁奇所论，云冈石窟中的犍陀罗艺术"呈现一种碎片化的状态，仿佛还处于待完成的情形"。可能在模仿犍陀罗艺术的同时，佛教故事不断地融入中国语境。随着吴道子等人的出现，通过中国艺术天才的努力，唐代的佛教艺术呈现出全新的特点。

中国艺术的优势恰好就是印度艺术的劣势。强烈的情感和丰富的想象力是印度艺术家的特色，这决定了印度艺术的形式和用色；印度艺术家偏爱夸张的技法，他们不能允许画面上留有一丝空白。如果比较阿旃陀石窟壁画与最好的敦煌绘画（例如图版3），我们会发现这两者背后的艺术直觉是不同的。印度画家的人物和动物形象充满了表现力和生命力。他们拥有新奇的想象、自发的活力和直白的情感。正是部分由于这种自发性，他们笔下人物群像的外观才会呈现偶然性。这种偶然性会让人感到目不暇接。在敦煌绘画中，我们观察到画家依照直觉将群像中复杂的线条转化成连续、沉静的和谐笔触。形体和形体之间，人群和人群之间存在着微妙的互动关系。比起单个物体的描绘，画家更关注物体之间的关系。骑着大象的菩萨极富动感，他的前后都有信众跟随，不过他们似乎像是在跟着音乐的节奏移动。连绵的流云中站着一群飞天，他们进一步增强了韵律感和静谧感。这种微妙的画面统一感是中国艺术的特色。

我们再回过头来看一看图版 1 中的本生小画，就会发现其中也用到了疏密对比的手法。与印度艺术家不同，中国艺术家对暗示和留白的理解非常深刻。他们懂得如何用静态的人物来衬托动态的人物，如何用留白来衬托丰富的细节，如何用每一个特殊的元素来激发观者的情感。在中国绘画中，留白并非空白，它是一种积极的力量，是构图中不可或缺的一部分。

在中国艺术经典中，常常有流畅稳定的线条和精妙的留白。不过，虽然敦煌绘画的主题、图像和追求都来自印度，但这些元素已经与中国艺术完美地融合到了一起。在大幅净土变相（如图版 1、图版 2）中，我们可以看到中国艺术风格的深远影响，这表现在众多人物的构图和组合之上，还表现在绚丽多姿的色彩之中，这是一片欢喜自在的大祥和！

IV

前文曾说过，敦煌绘画中有一批尼泊尔菩萨像。由于早期印度绘画数量极少，因此，它们是非常珍贵的材料。不过，这批绘画的艺术性很一般，故没有入选本书。图版 31 是一幅吐蕃绘画。公元 8 世纪中期，吐蕃攻占了敦煌地区，其对敦煌的统治一直延续到公元 9 世纪中期。藏经洞中出土了众多吐蕃文佛经，在绘画中，本幅是彻头彻尾的吐蕃风格（图版 32 中有两幅吐蕃风格的素描）。近期，吐蕃有不少画作流入了以大英博物馆为代表的欧美博物馆，它们与此画风格一致。这些吐蕃绘画的创作年代一直困扰着我们。长期的香烟熏烤使得它们中的很大一部分画面变得晦暗。几年的烟熏就足以让画作看起来无比古朴。图版 31 可能是 10 世纪的作品，如果的确如此，那它极有可能是现存最古老的吐蕃绘画，或起码是最为古老的吐蕃绘画之一。此画以水性颜料绘制于麻布之上，这是吐蕃画家经常使用的材料。

不过，吐蕃佛画究竟是如何发展起来的？其中的本土元素是什么？佛教在 7 世纪才传入吐蕃，我们并不知晓在此之前吐蕃是否存在艺术。在藏传佛教中，密宗和恶魔崇拜（据说，佛祖降服了恶魔，并使其成为自己的部下）占有重要地位；吐蕃佛画中的形象往往恐怖狰狞，且设色厚重鲜艳。不过，这些画中由流畅线条所构成的协调感，似乎是从中原艺术中借用而来，但却被吐蕃画家发挥到了极致。如果我们将此画与图版 42 进行对比，我们就会发现中原艺术元素所占的分量。总的来说，我们可以将吐蕃绘画看作中国艺术的分支。它是中国艺术沿着某个特定方向发展而成的东西。因此，比起本土风格，其中更多的是特殊个性。当然，我们无法完全确认这一点。

图版 42 的原画尺幅巨大，在一度兴盛于南疆地区的融合风格绘画中，此画是一幅代表作。我们可以注意到，画中的落花并不柔弱，它们显得笨拙而沉重；中国艺术家显然知道如何去表现轻盈的落花。全画的风格粗犷坚硬。通过使用两种色调来描绘中央的主像，画家刻意塑造出了这种感觉。图版 10 进一步发展了这种技法，画家将高光打在鼻子上，并在额头处加了白色颜料（有几处因氧化而发黑）。图版 11 也是一幅特征相似的大画，其中满是有趣的细节（注意莲花花蕾中的婴儿，他们是即将往生于净土之人）。斯坦因爵士将这些画作的绘画风格称作"壁画风格"，因为敦煌壁画的风格再现于这些绢画之中。中国元素虽然

存在于这些画作之中，不过却表现得并不明显。毫无疑问，用两种色调来构图的方法来自西方。从以中国佛画为蓝本的早期日本佛画可以看出，中国艺术家也偶尔采用这种手法。唐代的中国人对西域诸国颇感兴趣，他们喜欢将这些地区的人物形象引入到自己的绘画之中；此外，我们知道，8世纪时，一位于阗画家定居于中原并在这里取得了巨大的成功。不过，中国画家和日本画家同样具有立体造型的天赋，这种西方外来技法由僧侣传承，仅在部分佛画中出现。

敦煌艺术中最精美的作品并非绘画，而是一件刺绣。可惜的是，这件作品不太适合彩版印刷。小图版34和图版45中的供养人图，在一定程度上表现了这件伟大作品的质量。这幅大师之作保存完好，纵使在图版中亦能领略其工艺之超绝、趣味之高雅与色彩之鲜艳。此画是唐代辉煌佛教艺术的典型代表。

敦煌千佛洞绘画说明

马尔克·奥莱尔·斯坦因

图版1、2

药师净土图

图版 1 和图版 2 以 1 : 2（译者注：此为英文版书中比例，英文版书尺寸为 64cm×52cm，下同）的比例翻印了同一幅绢画（Ch. lii. 003）右半部分和左半部分的局部。此画构图宏伟，描绘精细，色彩亮丽。虽然此画的两边和底部有破损（参见《西域考古图记》，图版 57），但其仍逾 7 英尺高（约 2.13 米）、逾 5.5 英尺宽（约 1.68 米）。按照彼得鲁奇的阐释，此画的主题是佛教净土之一的药师净土。从很早的时代起，药师信仰就广泛流传于吐蕃、日本等地。根据汉文《大藏经》的记载，药师净土位于东方。在相关文字记载及这幅画中，药师净土与更为流行的阿弥陀佛西方净土具有相似的特征。藏经洞绘画及敦煌壁画中有众多表现西方净土的场景（参见图版 6—8，图版 10—11），不过此画侧边的本生故事场景及对药师如来的表现与西方净土变有所不同，画中的主题人物及场景布置也略有不同。图版 36 描绘的同样是药师净土，不过略显粗略，其中也有与图版 1、2 类似的特征。

与所有敦煌大幅净土变相一样，此画中的药师净土表现的也是众多随从齐聚于楼阁宝台之间，其下方是一大片莲池。宝台四周是中式的亭台楼阁，这代表的是极乐世界中的居所。汉传佛教从发轫之初，就以这种宏大的场景来表现净土。信众能够净无瑕秽，往生于净土莲池之中，并在此与菩萨、罗汉等随从相伴，获得长久（在通俗净土信仰中认为是永恒）的安宁与快乐。包括此画在内的敦煌净土变相均以曼荼罗的形式表现，画中的建筑、树木、人物（无论是群像还是单个人物），均以绝对对称的形式分列于中央主佛两侧。

药师佛身披深红色袈裟，内穿绿色法袍，双足跏趺，右手结说法印，左手膝前捧药钵。他的身后是一组开着花的树，树的上方托着一个六边形的红色宝盖。佛身后的背光和头光虽然用色极多，却毫不杂乱。药师佛的姿势、衣着和庄严的神态显示出希腊化佛教艺术的早期特征，这种特征比起周围的菩萨要来得更加明显。根据彼得鲁奇的考证，药师佛的左右胁侍分别为普贤菩萨和文殊菩萨。这两尊菩萨上方各有六层华盖，华盖周围有祥云缠绕，上有飞天翩然起舞。菩萨身着华贵飘逸的披肩状服饰和繁复的璎珞，这种装扮同样出现在其他带背光的菩萨形象中。这些菩萨或是主佛的胁侍，或以各种柔美的姿态站在宝台的前方。菩萨的面容描绘极其精细，他们的表情各不相同。大部分菩萨的眼睛直视着观者，虽然其面部的主色调是白色，但画家却在其中加入了粉色的颜料。

两尊菩萨身边各围绕着五位不带背光的随从。这些随从的形象在敦煌净土变中不太常见。通过其绚丽的盔甲和头盔可以判断，每组中有三位天王（参见图版45、47）。他们大多面目狰狞，他们肩头和身旁所站立的龙、麒麟、凤凰、孔雀等动物进一步增强了这种恐怖感。两组随从中各有一个恶魔，它与《行道天王图》（参见图版26、45）中的恶魔形象十分类似。与图版46的残片一样，此画右侧的恶魔也手托一个裸体童子。佛的左后方站着一位戴官帽的年轻人，右侧的对应位置是一个三面武士。年轻人可能是因陀罗，而武士可能代表着婆罗门。

中央主佛前方，亦即画面中央是一大片从主宝台中突出的平台，平台上放着一个带帷幔的祭坛，上面有众多宝器。祭坛两侧均跪着两位无背光的人物，这两个手捧祭品的人应该是仙女。再往前是一个较小的平台，上面有一位舞伎正迎着音乐快速起舞，她的身旁是由八名乐师组成的乐队。舞伎显然是女性，其腰间系波浪状橙色短裙，身穿深红色紧身短褂，外覆金属胸甲。她的头部和手臂戴有大量首饰。她的颈后系有一条细长的披帛，披帛会随着她舞蹈时的手臂动作而舞动。两侧各有四名乐师，他们的面容和衣着与菩萨很相似，不过却没有披帛。左侧乐师有一名弹箜篌，两名弹琵琶，一名弹琴。右侧乐师演奏的乐器是拍板、笛子、箫和笙。正仓院收藏的宝物中（参见《正仓院御物图录》[Shosoin Catalogue] 第1册，图版56、60）有几件与这些乐器相对应的日本乐器。施莱辛格小姐（Schlesinger）在《西域考古图记》附录K中详细描述了这些乐器。

两组乐师的上方各有一个有趣的小人，这是两个胖墩墩的半裸童子，他们一边激烈地舞蹈，一边演奏乐器，左侧童子用的是窄窄的腰鼓，右侧童子似乎用的是响板。从其他净土变相图来看，我们可以认为这些童子代表刚刚往生于净土的众生。他们也加入到了极乐净土中的歌舞之中。

这片平台前方有一条通往莲池的过道。在过道的入口处，站着一只揭路荼（Geruda）（译者注：事实上，画面中的这个形象应为妙音鸟迦陵频伽，后文中出现的揭路荼亦为迦陵频伽），它张着双翅，正在演奏铜钹。莲池中生长着树木和或紫或红的莲花。莲花承载着新往生的信众。画面最左端和最右端各有一朵全盛的莲花，花上坐着一位完全长成的菩萨。不过由于才刚刚化生，菩萨的脸上还带着几分慵倦的神情。前景中另外还有两朵依稀可见的莲花，它们孕育着胎儿姿势的新生儿。莲池底部的左侧有一块石头，上面站着一只鹤；其对应的方位则是一只孔雀（它位于图版 2 的画幅之外）。

画面下方有十二神将，他们是药师佛麾下的护法神。他们跪在小平台上，平台前方有通往莲池的过道。这些神将的面容和衣饰很像天王，不过他们没有标志身份的武器。其中有些双掌合十，有些则捧着宝珠等法器。

画的两侧各有一双层楼阁，这两座楼阁都是典型的中式建筑，附近有两棵郁郁葱葱的树木。楼阁的上层是开放式的，栏杆上倚着几个个头较小的菩萨，有几位在拉苇帘，有几位则在享受惬意的时光。楼阁下层仅有空置的莲花座。左右两侧的宝台上各有一佛二菩萨，他们均为前行的姿态，仿佛刚从莲花座中离开。这两尊佛的面容和衣饰和主佛完全一致。彼得鲁奇认为这两尊佛和主佛均为药师佛。他们的面容同样祥和沉静。

图版 1 显示，右侧边缘场景的保存情况较好。彼得鲁奇认为，这些场景描绘的是药师佛最后一次化身为菩萨之事（译者

注：根据日前的研究，这些场景描绘的应该是九横死）。我手头没有记载这则故事的汉文佛教典籍，也没有彼得鲁奇所准备的相关翻译，因此，我无法就每个场景给出单独的解释。从相应的题记判断，图版中至少描绘了五个不同的场景。对人物、衣饰和山水的描绘均为中国风格。这与千佛洞所出曼荼罗画上的边缘场景和幡上的本生画（参见图版 12、13、37）风格一致。宾雍在导论中讨论过为何中国风格会在这些场景中表现得如此明显。在这里，我仅想提醒各位注意画家对动物奔跑形象的绝妙描绘，还有其通过山水元素划分不同场景的方法。这种方法出现在不少敦煌绘画中，它在不破坏故事整体性的前提下，区分了不同的部分。

这些特点使得这幅《药师净土图》成为敦煌绘画中令人印象最为深刻的画作之一，此画必然出自大师之手。正如宾雍所说，我们在这幅画里可以看到"此画色彩鲜活，且描绘方式极具表现力……运用多种材料和形体塑造出和谐融洽的画面，画中毫无杂乱感。这两幅画将我们带入了一个格外静谧的世界，然而在这个静谧世界之中又不乏丝竹管弦及舞蹈"。

图版3

法会图

图版 3 以 1:2 的比例翻印了一幅大型绢画（Ch.xxxvii.004）左半部分略多一点的范围。上文所引的评论同样适用于此画。虽然四周均有残损，但此画仍有 6 英尺宽（约 1.83 米），5 英尺高（约 1.52 米）。全画所表现的是一幅巨型画作的上半部分。从下方破损处残余的主神形象来看（参见《西域考古图记》，图版

59），此画是千手观音的曼荼罗。不过，图版下方主佛背光后面的菱形饰带清楚地表明，此画亦包含法会这一独立的主题。

彼得鲁奇认为，图中的主佛（即图版右上方的坐姿佛）是药师佛。他的坐姿和装饰与上幅画中的主佛十分相似，这印证了彼得鲁奇的说法。画面中间的黄色卷轴形装饰中有汉、吐蕃双语题记，它们原本可以指明此画的主题，可惜的是，由于年久褪色，我们已经无法释读上面的文字。主佛的两侧各有一位菩萨。两菩萨结半跏趺姿势而坐，靠近主佛的一手作说法印。他们的姿态、衣着、面容均带有明显的印度风格。彼得鲁奇根据一幅较为简单的药师佛曼荼罗上的题记认定：左侧是普贤菩萨，右侧是文殊菩萨。[1]药师三尊之间各有三个双掌合十的供养菩萨和两个带头光的比丘。画家以极富表现力的笔法描绘了这两位比丘，其中的老者面容枯瘦。画中大部分菩萨的面部描绘也极其精细，此画的图版制作过程困难重重，且大幅削弱了原画的质感。

上述神祇的构图和描绘方式在敦煌绘画中十分常见。不过，画面两侧乘着紫云向中央前进的群体是此画的一大特色。这种描绘方式仅出现在两幅敦煌曼荼罗绘画中。图版左侧的普贤菩萨端坐于莲座之上，骑着坐骑白象朝着文殊菩萨的方向前行。他的身边围绕着众多菩萨，前方则有乐师开路。右侧相应对的位置就是骑着狮子的文殊菩萨，其身旁的随从亦与普贤菩萨相一致。除了六位供养菩萨之外（他们之中有些手捧贡品），每组随从中均有四名年轻的乐师，他们正在演奏拍板、笙、笛子和口琴。他们的

---

〔1〕参见 *Serindia*, p. 1420。关于典型印度风格的文殊菩萨像，参见图版 27。

前方有一个手捧铜盆的黑皮肤童子，菩萨身边也有一个牵着坐骑的黑皮肤童子。毫无疑问，他们都是印度人。对这些印度人黑皮肤的夸张描绘，以及对大象头部和四肢的错误描绘，都表明了画家对印度事物的陌生。菩萨身后各站着两个天王。菩萨头顶的华盖上方有众多形象优美的飞天。画面左侧有一大群乘着紫云的供养菩萨，在他们的上方有山水风景。这些山水纯以中国风格绘就，填满了画面上方的边缘。

此画构图庄严，线条、设色精细协调，诚为大师手笔。

图版4、5
普贤菩萨变及文殊菩萨变

这两幅大型残片（Ch.xxxvii.003, 005）的艺术水准虽然不及前一幅画，不过其主题与表现方式却与图版3十分接近。这两幅带有弧形上缘的大型绢画曾分属于同一幅拱形画作的左右两端。此画已佚的中间部分极有可能包含一尊坐佛。残余的右侧局部（Ch.xxxvii.003，图版3）虽然残缺不全，但仍有6.5英尺高（约1.98米），3.5英尺宽（约1.07米）。左侧局部的破损更大，不过其尺幅也更大。从这两件残片中，我们不难想象原画的宏伟。此画的形状表明，它最初可能是用来装饰拱形佛龛或拱形的前室过道。

图版4（与原画的比例为1∶4）表现的是文殊菩萨骑着白狮朝画面中央前进的场景，他的身旁围绕着菩萨、天王、恶魔、仙女等随从。一位印度侍从牵着他的坐骑，前方还有两位乐师开道。所有人都站在一朵紫色祥云之上。

　　与图版 3 中的普贤菩萨一样，此画中的文殊菩萨亦半跏趺而坐，不过其右手掌心向上，平伸向胸前。画家用精细的笔触画出了菩萨白皙的脸庞和祥和的神情。菩萨繁复的衣纹以及丰富的首饰清楚地表现了来自印度的影响。这些元素均照搬自传入中亚之后的希腊化佛教艺术。值得一提的是，文殊菩萨的火焰背光形式精致，设色协调。

　　除了面容安详的胁从菩萨之外，我们还能看到天王及他们的恶魔随从。通过其手中的慧剑，我们可以辨识出南方增长天王。恶魔皆肤色赤红，面容可怖。画面右下角的随从身份尚待辨识。他身穿中式官服（高腰绣花衬袍和大袖外套），其发式和头光与菩萨相同。他手持一扇，身后跟着两位仙女，右边仙女仅保留了头部残片。牵狮者有着褐黄色的皮肤和粗犷的外貌。他可能是个黑人。

　　画面右侧队伍前的乐师形象保存不多。不过，图版 5（比例为 1：2）相应位置乐师的保存情况较好，我们能从中领略其构图之生动和描绘之细致。他们昂首向前，一人吹箫，一人吹笙。在画家笔下，左侧的吹箫者沉醉于音乐之中，其身上飘逸的服饰和流畅的线条传递出富有节奏感的律动，这与整体的绘画场景十分协调。画家以同样传神的笔墨塑造了右侧乐师聚精会神地演奏的神态。大比例的图版让我们得以窥见画家渲染皮肤的方法。普贤座下白象的鞍下系着一个巨大的球状流苏，其深色的色调正好与人物面部的精细设色相呼应。图版 5 左侧边缘可以隐约地看到一个象夫，他的深棕色皮肤和乐师深黑色的头发为以淡绿和红色为主的画面增添了更多的色彩。

图版6

净土图局部

　　此画以2∶3的比例单色翻印了一幅净土图（Ch.liv.004）的左下部分。彼得鲁奇认为，画中描绘的是释迦牟尼净土。[2]画面主题及边缘场景的特征表明，此画与另一幅净土图（Ch.xxxviii.004，图版7展现了此画的全貌）十分相似。因此，我们可以通过后者来研究一佛二菩萨及边缘场景的表现方式。这两幅画的边缘场景讲述的都是善恶二王子的故事。这些故事均记载于汉文《大藏经》中。

　　此图版表现的是众多或跪或坐的供养菩萨，他们位于画面中央宝台上祭坛的一侧。宝台前方突出的部分有舞伎在翩然起舞，宝台前端的两侧均有一只正在演奏乐器的揭路荼。他们所演奏的乐器似乎是拍板和笛子。整个宝台为木结构建筑，以斜柱支撑的方式坐落于莲池之上。画面下方左右两端的宝台上各有一队乐师，他们的组成十分有特点。每队乐师均有六人，他们分别演奏筚篥、琵琶、箫、拍板、笙和排箫。乐师后方长着几棵树，它们有梨形的叶子和一簇簇尖细的粉白色花朵。莲池中的莲花里生长着往生于净土的化身童子。主宝台左侧栏杆下方的化身童子完美地表现了新往生者意识觉醒的状态。

　　此画完成度极高，以菩萨为代表的人物形象描绘极为细致。与大多数敦煌绘画一样，画中的主色调是深红和暗绿，不过白色的人物肤色以及橙色、淡蓝、紫色的披帛和背光活跃了全画的

─────────

〔2〕参见 *Serindia*, Appendix E, p. 1410。

氛围。

幸运的是，画面两侧的边缘场景有汉语题记，沙畹通过这些题记首次辨识出了这些场景。[3]场景中的衣饰和人物形态均为中国风格。左侧最下方的跪姿仕女是供养人，这一形象具有特殊的价值。她的衣饰与两幅带有精确系年的9世纪下半叶绘画中的供养人形象十分类似[4]，然而，这些特征又与众多10世纪画作中装饰繁复的仕女截然不同。我曾在其他地方提到过，女性供养人的服饰和发式能够帮助我们对千佛洞绘画进行断代（男性供养人的服饰和发式也能在一定程度上发挥这样的作用）。[5]

图版7
释迦牟尼净土图

此图版以2∶7的比例翻印了原画。此画相对完整，保持情况良好，还保留了原始的黄绿色绢质裱边。正如上一张图版的描述所言，此画也是一幅净土图，按照彼得鲁奇的说法，画中的主佛是过去佛释迦牟尼。[6]画中的场景虽然有一些独特之处，但整体较为简单。主佛结跏趺坐在画面中央的莲花座上，面朝盖有帷幔的祭坛，双手施说法印。主佛两侧胁侍菩萨的形象与衣着十分相似，不过他们的姿态有所不同。有一幅尺幅较小的净土图（Ch. xxxiii.001）与此画主题相同，画上的题记是彼得鲁奇辨识此画的依据。在这幅净土图的帮助下，我们能够辨识出左侧的胁侍菩萨

---

〔3〕参见 *Serindia*, Appendix A, pp. 1334 sqq。

〔4〕特别是图版16中的 Ch.lv.0023。

〔5〕参见 *Serindia*, pp. 850, 885, 888。

〔6〕参见 *Serindia*, p. 1410。

是虚空藏菩萨，右侧的则是地藏菩萨。在胁侍菩萨与主佛之间各有一位剃过发的弟子。弟子面如童子，双手合十。一佛二菩萨头顶皆有一华盖。华盖均由两棵树所支撑，并有花卉围绕。他们身后是带有庑殿的楼阁，这代表的是往生信众所居住的天宫。云中飘浮的云彩之上，坐着四尊小佛。他们的四周飘着几片橙树叶。

在一佛二菩萨前方的宝台上，一位舞伎在翩然起舞。她手中的丝带化作优雅的线条，传递出舞蹈节奏的迅疾。两侧各有四位菩萨，他们双手合十，坐于莲花座之上。菩萨面前各有两位乐师，他们正在演奏笙、琵琶、七弦琴和拍板。宝台前面有通往莲池的步道。过道尾端皆有一只揭路荼，它们站立于岩石之上，双手合十，展示着花形的羽毛尾巴。

一个巨型独立宝台占据了绝大部分前景。宝台中央是一尊个头较小的佛。这一安排十分少见。佛的右侧坐着一位较小的胁侍菩萨，左侧对应的位置则是一位剃过发的弟子，这位弟子头带背光，同样双手合十。弟子穿着僧袍，戴着项链，与图版25、39、40中的地藏菩萨十分相似。这一特点证实了彼得鲁奇的看法。他认为下方的这三人重复了画中一佛二菩萨的布置，他们同样是释迦牟尼佛、虚空藏菩萨和地藏菩萨。释迦牟尼佛的形象非常奇特，他所穿的白条纹深红色长袍紧紧地盖住了他的脖子。他的左肩上是红色的日轮，右肩上是白色的月轮（上面长着不死树）。他的前方是须弥山，山的两边各有一个人。[7]

画的边缘场景一共有11幅。如上文所述，表现的是善恶二

---

[7] 关于这一形象的象征意义，参见彼得鲁奇的文章：*Les Mandalas, Serindia*, Appendix *E*, p. 1411。

王子的故事。在彼得鲁奇遗留的材料的帮助下，沙畹即将在《关于远东的回忆》(*Mémoires concernant l'Asie orientale*)中讨论一部分敦煌绘画，其中包括此画中边缘场景的具体阐释。[8]这里，我只想指出一点，那就是这些场景是以纯粹的中国风格绘就的，这包括蜿蜒的山峦和长着松树的悬崖，这两者的作用都是区分不同的场景。

棋盘道般的条纹带区分了主场景和下方的场景。下方场景的两侧各跪着一排供养人，他们之间的空白处是为题记预留的。不过，这幅画上的题记不是被擦掉了，就是从来没写过。右侧的供养人共有六位，他们穿着不同颜色的束带外套。左侧供养人队列中的第一位是一个光头老者，他（她）可能是比丘或比丘尼。在他们身后坐着三个头顶扎着双发髻的童子。

此处的服饰同样能够帮助我们确定这幅画的大致创作年代。在男性供养人中，有三位头戴黑色帽子，帽子上还附有帽翅，这样的帽子通常出现在10世纪的敦煌绘画中，另外三位戴的也是黑色帽子，不过其帽子上附的是软质的幞头。这种帽子通常出现在表现本生故事的边缘场景和幡画之中（参见图版12、13、37）。我认为，这些绘画的创作年代明显早于大部分敦煌绘画。[9]女性供养人的服饰特点更能反映此画（Ch.xxxviii.004）的年代。她们所戴的头饰十分复杂，这种头饰从未出现在10世纪绘画之中。她们的发型均为圆锥髻和开屏髻。这与图版16所翻印的公元864年绘画中的女性供养人一模一样。

---

〔8〕参见 *Serindia*, p. 835。

〔9〕参见 *Serindia*, p. 850 sq。

　　除了菩萨、女性供养人的面部和手部之外，此画中的其他细节描绘得并不精细。与其他同类绘画一样，此画的主色调也是深红色和暗绿色，以及菩萨、宝台砖石上所使用的橙色和祭坛帷幔所使用的石青。

图版8
阿弥陀佛净土图

　　这幅画（Ch.lviii.0011）是众多西方净土（梵文 Sukhavati）图的典型例子。此图版以 2∶5 的比例翻印了这幅画。此画的边缘场景、顶部和底部已佚，不过其他部分的保存情况良好。西方净土是最常出现的净土图主题。虽然在尺幅上和恢宏程度上不及其他西方净土图，不过此画还是表现了净土图的典型特征。这些画作中共有十几幅西方净土图，它们都有相似的整体布局。这反映了古老而漫长的西方净土图演变之路。

　　在主宝台上，我们可以看到主佛阿弥陀佛结跏趺坐，双手施说法印。据上方题记所示，他的两侧分别坐着一位胁侍菩萨，左边是大势至菩萨，右边是观音菩萨。他们即为西方三圣。这一形象也经常出现在早期日本佛教中。在他们前方的祭坛两侧，围坐着一圈供养菩萨。祭坛上放着装有供品的容器，还盖有带三角形、条形装饰的帷幔。这个细节十分有趣，因为其与我从藏经洞中寻获的帷幔一模一样。[10] 在上方的背景中，西方三圣的华盖之间隐约可以看到纯以中国风格绘就的亭台楼阁，这代表的是天宫。

───────────

〔10〕参见 *Serindia*, pp. 899 sq., 984 sq., Pls. cix, cx.

　　宝台在祭坛前方延伸出了一段。上面坐着六名乐师，还有一名和着他们乐曲飘然起舞的舞伎。此处，舞伎手中和头饰上方的披帛同样构成了一条连续的线条，突出了舞伎的动态。乐师演奏的乐器有笙、拍板、七弦琴、箫和两种不同类型的琵琶。在通往莲池的过道末端坐着背朝我们的菩萨。他的身下有莲花座，身上有飘逸的披帛。他似乎捧着什么供品。依照原画上的红花绿叶来判断，这可能是一朵大丽花。

　　莲池上除了莲花之外，还有几块石头。前景中央是一个由黑砖构成的平台。平台上站着一只揭路荼、一只孔雀、一只鹤和几只小鸟。这些小鸟所处的绢面有些磨损，它们看起来像是鸭子。平台两侧的莲池上各有一个宝台。宝台上同样是西方三圣的形象。其中，阿弥陀佛的形象与主佛一致。大势至菩萨和观音菩萨则均作合掌状。在阿弥陀佛净土图的底部角落，常常会出现西方三圣的形象。通往这两个宝台的过道上，均有一个坐于莲花座之上的新往生者。这为这一传统母题增添了几分新意。

　　全画绘制精细。在暗绿色和深红色的底子上，作为主色的橙黄色和白色显得格外突出。白色大片施用于背光、莲花座和随从的肤色中。全画没有一处使用蓝色和黑色，这一点很值得注意。

图版9
弥勒净土图中的故事场景

　　敦煌绘画中有一幅保存完好的《弥勒净土图》绢画（Ch. lviii.001）。本图版以1∶2的比例翻印了其上部和底部的场景。关于全画的图版及其特殊的图像学价值（此画是敦煌绘画中唯一表现兜率天的作品，据说兜率天是未来佛弥勒佛降生之前的居所），可以参阅《西域考古图记》。[11]将此画定为弥勒净土（画中的弥勒菩萨已经是弥勒佛的形象，而他事实上仍是菩萨）的中文题记来自《佛说弥勒下生成佛经》(Maitreyavyakarana Sutra)。画面上方和下方均有故事场景。正如图版所示，这些场景并没有完全和中央的净土图分割开来。下方的场景直接与净土图相连，上方的场景和净土图之间也仅由长着松树的山峦所分割。

彼得鲁奇和沙畹在《关于远东的回忆》中详细阐释了这些故事场景及其题记。[12]我手头没有这两位已逝作者所准备的材料，因此，我只能简略地介绍这些场景的内容。右侧上方的场景中有一个平台，平台上放着一张桌子，桌子旁坐着三位身穿中式官服的男子，他们前方有一个圆盘状的东西，这可能是一面金属质地的镜子，一个小人正在往镜子里张望。镜子两边各站着一个捧着鼎（？）的人物。他们的左侧是两列题记。题记左侧的桌子旁坐着三个人，中央那人所坐的还是一个莲座。与右侧三名坐姿人物一样，他们也头戴附有帽翅的黑色帽子。这是10世纪敦煌绘画中男性供养人的典型形象。[13]再往左是一名农夫，他戴着带软质幞头的帽子，驾着犁前行。一头深色的大牛和一头白色的小牛不情不愿地拉着犁。

左侧场景中，我们可以看到一位身穿官服的人坐在一个小平台（宝座）之上，他的前面是一道门，这似乎代表的是带围墙的

---

〔11〕参见 Serindia, pp. 890, 1082 sq., Pl. LVIII, and M. Petrucci's notes in Appendix E, ibid., p. 1408 sq。

〔12〕参见 Serindia, pp. 835, 890, note 38。

〔13〕同上，第17页。

宫殿。在他的左侧，一个恶魔模样的人物正在大跨步前行。在他的右侧，一佛和两位身形较小的比丘在朝他走来。他们右侧有一位双手合十的信众。他们上方的云朵之间有一只龙形的怪兽。右侧的背景中有一间带弧状开口的茅草屋。茅草屋里坐着一对夫妻。他们前方站着一位仕女，她宽衣博袖，梳着繁复的发型。这是典型的 10 世纪敦煌绘画女性供养人形象。[14]

我们目前虽然无法解释上方场景的意义和相互关系，不过阐释下方场景的难度要小得多。宝台之下的场景显然说的是对佛法的皈依。右侧是一名衣着华贵的高官，他腰板笔挺地坐在一个方榻之上，脚下踩着一张脚踏，正在接受一名比丘的剃度。四名穿着世俗服饰的人手持书卷，站立在他的身旁。他的前方站着另外三个人，其中之一捧着一只大盘，盘上装的是剃度掉下来的头发。另一人则捧着一只花瓶。背景中站着一名马夫，他牵着三匹装饰华丽的马。这些马优雅地昂着小小的头，挺着宽阔的胸脯，伸展着苗条的腿。其中有两匹白马和一匹红马。这些马的形象与今天阿富汗巴达赫尚（Badakhshi）地区的马匹十分类似。中国从此地引进马匹的历史非常悠久。1915 年，我在吐鲁番的唐代墓葬中发掘了一批表现此类马的陶塑。画中高耸的马鞍上覆盖着长长的鞍布。这批陶塑中也有类似的鞍布。笼头、胸饰和牵鞍兜带上的装饰与丹丹乌里克（Dandan Oilik，译者注：新疆和田东北部的唐代佛教遗址）出土的唐代骑马人木匾有相似之处，这一点值得我们注意。[15]

---

[14] 参见图版 22。

[15] 参见 Stein, *Ancient Khotan*, ii. Pl. LIX。

左侧的场景完全是右侧的翻版。场景中的同样位置有一位正在剃度的仕女。她的身后站着两位结双环望仙髻的仕女，旁边还有两位结双环垂髻的女子。她们后面有一顶六边形的塔形顶轿子。我们在图版中可以看到这顶轿子的一部分。

中部场景表现的是对佛塔或舍利塔的崇拜。这一场景具有显著的古物学意义。这座圆柱形的塔由低平的穹顶和底部的平台构成。它的顶部有三层华盖。华盖上挂着饰带和金属装饰。下方的工匠正在布置帷幕。塔前摆着两张长方形的供桌，上面除了水壶、碗等供品之外，还放置着一堆手卷，它们可能也是用于礼佛的供品。

图版10

西方三圣图

这幅图版成功地以 3：8 的比例彩色翻印了原画（Ch. liii.001）。此画虽小，但却是简化式净土图的经典之作。画中的阿弥陀佛坐于莲座之上，两侧是大势至菩萨和观音菩萨。他们前方是两个供养菩萨，后方则是一排外貌各异的弟子。画中没有莲池；不过若是将此画与图版11进行对比，我们就能发现它们在构图、风格、用色和表现手法方面都十分相似。这足以证明此画表现的也是阿弥陀佛净土。

阿弥陀佛结跏趺坐，右手结说法印。他的黄皮肤上有红色的渲染痕迹，红色的颜料已经变成了斑斓的淡紫色。他的头发为亮蓝色。他的鲜红色袈裟裹住了双肩，其衣纹与希腊化佛教雕塑的衣纹完全一样。后者源自希腊化艺术，并成为中亚、远东地区佛教艺术的原型。佛的莲座位于高耸的基座之上，由白、蓝、黑三色交织而成的涡卷形纹饰之上盖满了粉色的花瓣。在基座以及由两棵圣树所支撑的华盖上同样有涡卷形纹饰。圣树的枝干像是镶嵌了宝石的杆子，上面的星形大叶子呈旋涡状排列，包裹着里面一簇簇的红色锥形果实。画面两侧各有一个正在撒花的飞天，其飘逸的长袍和脚下的卷云表现出她动作的迅捷。

观音菩萨和大势至菩萨身下的莲座虽然不像主佛的莲座那样繁复，却同样构思巧妙。观音菩萨的左手握着一颗火焰宝珠，大势至菩萨则托着一个钵。在他们身上绚丽缤纷的珠宝之中，我们尤其要注意其头饰前方的化佛。他们下方坐着两个同样衣饰华贵的供养菩萨。侧身对着我们的那位菩萨捧着一朵红色的莲花，三分之二侧对着我们的那位菩萨则握着一只净瓶。除了这两位菩萨的淡蓝色披帛之外，呈椭圆形的透明的背光同样值得一提。

此画中最有趣的元素是西方三圣后面的六个弟子，其左右两侧各有三个斜列的弟子。这些比丘弟子的体型十分魁梧；他们的神色都非常专注，不过其表情却各有不同。右侧第二个弟子露齿微笑，左侧最后一个弟子表情严肃。与许多敦煌绘画一样，此画最可惜之处就在于画家没有在画中人物上方的长方形榜题上留下题记。左侧最后面的弟子手捧红色莲花花蕾，右侧相对应的那位弟子则握着锡杖。这两点以及他们披风上的横色条都无法帮助我们辨别出他们的身份。包括西方三圣在内的人物头光仅以红线圈和白线圈勾出轮廓，其中间的部分完全留白。这种描绘方法不太常见。

在阿弥陀佛的莲座下方，有一块带龟趺的拱顶石碑。这块石碑挡住了部分基座。石碑原本是用来书写题记的。不过，从来没有人写下过题记，因此我们无法判断此画的具体创作时间。幸好，画面下方两侧残存的供养人形象为断代提供了十分有价值的线索。右侧的男性供养人只剩下了帽子的最上端。左侧的女性供养人保存完整，魅力无穷。这显然是写实之作，画家的技巧非常突出。无怪乎彼得鲁奇要在本书的扉页中以原大翻印这一角。

　　这位仕女跪在一张垫子上，双手捧着一朵长柄的红色花卉。她的姿态和神情都十分虔诚。画家对其面部的精细处理让我想起了另一张绢画残片。那张画是 1915 年我在吐鲁番一座 7 世纪的中国墓地中发掘出的。这位仕女身穿百褶抹胸裙和长窄袖紧身胸衣，还戴着一块小披帛。她的脖子后面梳着简单的小发髻，这种发式比最早的系年敦煌绢画（公元 864 年，图版 26）还要早。绢画 Ch.xlvii.001（图版 11）以及图版 34、35 的古代刺绣中供养人的服饰和发式，与此画有相同的特点，这都证明此画的创作年代较早。[16]

　　关于创作年代的讨论让我们注意到了一种特殊的技法——"高光法"。画家在常规的颜色渲染之外，利用这一技法来刻画人物的肌肤。此画的弟子以及图版 11 的大多数人物均运用了这种技法，这在其他敦煌绢画上从未出现过。宾雍已经强调过这种技法源自西方。[17]

---

〔16〕与这些画相关的证据细节，参见 *Serindia*, pp. 885, 896。

〔17〕同上，第 9 页。我在中亚发现的其他图像类文物中，只有米兰遗址中的壁画（约创作于 3 到 4 世纪）也使用了这种技法，参见 *Serindia*, pp. 504, 508, Pls. XL-XLV。

图版11

阿弥陀佛净土

图版11以1∶4的比例翻印了一幅保存完好的大型绢画(Ch. xlvii.001)。此画亦以阿弥陀佛净土为主题，与图版10具有众多相似之处。它是图版10所示图式完全发展成熟之后的作品，与大部分传统净土图均不相同。画中的西方三圣坐于莲座之上，他们脚下是莲池和宝台。由宝台构成的前景中有众多常出现于净土图中的随从。

阿弥陀佛身穿紧身袈裟，左手施说法印，置于胸前的右手大部分已经残损。与大部分敦煌绢画一样，他的肌肤也是黄色的。画家仿佛是从雕塑中汲取了灵感，用灰色线条勾勒出他的头发，并用黑色画出他的肉髻。佛的两侧各有一根装饰精美的宝柱，柱子顶端都有一颗火焰宝珠。他的身后有两棵长着叶子的树（图版10中已经介绍过这样的树），树的上方托着一个带花卉图案的华盖。与图版10和图版34一样，华盖两侧均有一个飞天。

阿弥陀佛左侧坐的是观音菩萨，右侧则是大势至菩萨。他们身旁也有树木承托的多层华盖。胁侍菩萨两侧各站着两位供养菩萨。服饰华贵的供养菩萨手势各不相同。有两点值得一提，一是菩萨的天衣上布满了花卉图案，二是观音右侧的供养菩萨姿态优雅。西方三圣身后是一条色彩缤纷的大理石围栏。上方的小佛正驾着祥云飞来。同样飘浮在空中的还有戴着披帛的裸身童子，他们代表的是新往生的信众。缠绕着丝带的乐器象征着净土的祥和与安宁。

莲池中有象征着幸福的鸭子，还有包裹着新往生者的莲花花蕾。与其他净土图不同的是，阿弥陀佛前方没有祭坛、舞伎、乐师和天宫。不过，他的前面有一朵莲花，花中放着一件供器。供器两侧跪着几个供养菩萨。他们前方的木质平台上有一只双头揭路荼，一只凤凰，一只鸭子，一只鹤和一只孔雀。

前景中的宝台两侧各坐着四个菩萨。前方的栏杆旁有两个半裸的童子，他们显然是刚往生的信众。其中一人正在缓缓前行，另一人则在跳舞或是奔跑。两个童子都手捧花卉和浆果。与空中的童子一样，他们的头顶只有两簇分布在前额和耳后的头发。[18]他们和菩萨之间的莲花上有巨型的火焰宝珠。

画面前景的中间是一块拱顶石碑。碑上的空白处是为了书写题记而留下的。碑的两侧有几个小供养人。右侧跪着两名男性供养人，他们身穿系着腰带的长袍，头戴幞头帽。他们的服饰与敦煌本生故事幡画中的古代服饰十分相似。其与云冈石窟、龙门石窟的浮雕也有相似之处。[19]左侧跪着一位女性供养人，她的服饰和发型与前一张图版中的女性供养人一模一样。关于这些服饰所代表的年代学意义，请参考上一张图版中的解释。[20]

这幅画还有另外一些与图版 10 相似的特点。例如，使用"高光"来渲染肌肤；他们的头光大部分仅以轮廓线绘就，整体上呈透明状，显得很不起眼；还有外套上的花卉纹饰。另一方面，这幅画在构图上又有独特之处，例如，它的背景中没有天宫；画中人物之间的间隔都很宽。这表明，不同于大部分敦煌绢

---

〔18〕这种发式与米兰遗址壁画中小天使的发式很类似，参见 *Serindia*, Figs. 134, 138, 140; Plates XL, XLI。

〔19〕参见 *Serindia*, p. 850 sq.; also below, p. 23。

〔20〕同上，第 21 页。

画和壁画，这幅画是独立发展而成的净土画，这种绘画成为日本佛绘的原型。

　　画中几乎没有使用艳丽的色彩。前景中的砖石宝台是由暗绿色、灰色和黑色颜料画成的，这几种颜色也是背景的主色调。画家还用了暗绿色、淡粉色（淡红色）和绿灰色来描绘人物和饰品。比起图版 1 净土图中的拥挤场景，这样的设色方式和背景的留白使得全画产生了一种空灵疏朗的效果。画家用笔潇洒，不过在细节方面略显粗糙。

图版12
佛传故事图

　　图版 12、13、37 都是敦煌绢质幡画的代表作，它们具有极高的艺术价值和图像学价值。与其他幡画一样，这些幡皆以薄纱状的细绢制成，它们的两面均有绘画。这些绘画的主题均为佛传故事。幡的长度通常不超过 25 英寸（63.5 厘米），如图版 12 这样的原大翻印图版所示，它们的宽度也较为有限。出于形制原因，我们可以发现画上的场景通常是上下排列的。保存完整的幡上最多也只有四个场景。[21]

　　这组幡画的风格、主题以及构图安排都十分明确。画中的一切都与人物的体型、服饰、动作以及山水、建筑场景有关。宾雍对此有一个生动的描述，那就是"将一切都转化成了中国风格"。事实上，正如傅舍所言："与意大利画家、佛兰德斯画家对

---

[21] 关于这点和风格问题，参见 *Serindia*, p. 847 sq。

基督教传说的改动一样，佛传故事的传统主题也经历了显著的变化。"[22]无论在幡画还是大型绢画之中，佛与菩萨的面相均源自犍陀罗的希腊化佛教艺术，这与上述的构图元素形成鲜明的对比。关于这一特点，可以参考宾雍在导论部分中所做的解释。

尽管这些幡画都具有鲜明的中国风格，不过它们在构图和表现方式上还是各有特色。由于幡面空间有限，单个幡甚至无法表现最为重要的佛传故事，因此，这些幡本来就分成了好几组，这样就更便于我们发现它们之间的区别。图版 12 的左右两边是某组幡画中的两幅，它们各保存了两个场景（毫无疑问，它们原本都有四个场景）。除了用于分隔场景的相同花边之外，这两幅幡画还都有中文题记。

左侧的幡画（Ch.lv.0016）表现了"四门游观"中的两个场景。乔达摩太子借此了解到人世四大苦之三——老、病、死以及通过出家来获得解脱的方法。早在公元 5 世纪的云冈石窟浮雕中就有这样的场景。奇怪的是，它们从未出现在犍陀罗雕塑中。[23]上方的场景中，乔达摩骑马走出由绿砖构成的宫门。宫门上方还有一个红色的木结构亭子，这个亭子的屋顶是蓝绿色的。太子所骑之马长着红色的鬃毛，描绘得十分精细，这表现的是太子的爱马康特迦（Kanthaka）。他的身边跟着一个头戴黑高帽，身穿宽大外套的信使。他的前方有一棵树，树下站着一位头戴黑帽、手拄拐杖的伛偻老者。老者身旁站着一个头戴黑色幞头帽的男子。

〔22〕参见 *Serindia*, p. 848。

〔23〕参见 *Serindia*, p. 850; Chavannes, *Mission archéologique en Chine*, i. Planches 207-210。

显然，他正搀扶着老者。如前文所述，这位男子所戴的帽子与最古老敦煌绘画中的供养人一模一样。在本生故事场景中，这样的帽子形象十分常见。在前文提到过的云冈浮雕中，也出现过信使所戴的圆锥形高帽。[24]这两幅幡画中的乔达摩太子都戴着白莲花状的冠饰。

下方的场景中，我们可以看到太子骑着垂着头的康特迦走出了同一座宫门。这里的宫门被画到了右边，我们能清楚地看到里面的木结构框架。太子身边信使的装束与上一个场景相同，他面带怜悯地走向左侧的那群人。左侧也有一棵树，树下坐着一位病人。一位身穿红裙的友人扶着他，另一位穿着绿裙的友人则在用碗给他喂水喝。画家以写实性的笔法画出他消瘦的病躯和放置于膝盖之上的双臂。

右侧同组幡画（Ch.xlix.006）的下方场景也以同样的风格画成。如题记所述，这一场景表现的是童年时的太子向文武大臣讲述自己前生经历的事。释尊坐于床榻之上，伸出双臂，讲述本生故事。他的面前跪着一名男子。这位男子头戴黑帽，身穿橙色带腰带外套，手捧一书卷。画面下方也站着一位男子，他长着络腮胡，身穿贵族服饰，他的手里也拿一书卷，不过其宽大的衣袖遮住了大部分书卷。太子身后还站着两个人。其中之一穿着侍者的服饰，手里捧着一个圆形的容器，我们已经无法辨认容器里装的是什么东西了。另一人头戴黑色圆高帽，身穿褐色外套和白色内袍。从他右手的姿势判断，可能握着一柄剑，他可能是王宫中的卫士。

---

[24] 参见 *Serindia*, p.849, note 18。

上方的场景中是一尊坐佛。如前文所述，这尊佛的形象完全源自犍陀罗艺术，其与本生故事中的人物形象截然不同。它的每一个细节都反映了印度佛教传统。他坐于巨型绯红色莲座之上，左手施无畏印。[25] 他身穿带淡蓝色衬里的深红色内袍和带淡绿色衬里的褐色袈裟，前者盖过了他的双腿和右肩，后者披在裸露的左肩之上。他的面部刻画精细，有着拱形的黑眉毛和水平的眼睛，完全没有来自中国艺术的影响。画家不仅用笔很沉稳，在细节处理上也十分到位。

图版中间所翻印幡画（Ch.0071）的保存情况很差，不过其仍有不少特点。最上方的画面破损得十分严重，不过，我们能够通过其他幡画上的场景推测出画中是呈坐姿的太子。他已经逃出王宫，来到森林，向他的马康特迦和马夫车匿（Chandaka）道别。[26] 下方是一幅构思精巧的画面，表现的是其父净饭王（Suddhodana）派遣骑士来森林寻找太子的场面。骑士们望着左侧通往山林的足迹面面相觑。画家以生动的笔触描绘出骑士和马匹的动态。

最下方的场景可能是佛陀在鹿野苑初次说法的故事。带头光的释迦牟尼面色金黄、身穿佛袍，坐于莲花座之上。座下还有一个雕花宝座。与前文的净土图一样，佛的身旁有两棵开着红花、长着星形树叶的树，它们支撑着上方的华盖。宝座后面站着三个

---

〔25〕这与印度风格截然相反，印度佛像一般举右手，袒右肩，其中的原因可能在于幡的两面都有画面。就图版中央幡画上的佛像来说，艺术家在处理绘制顺序时犯了一个错误。

〔26〕参见 *Serindia*, p. 858, and the reproduction of the banner, Ch. lv. 0012, Pl. LXXV.

比丘，宝座面前则跪着三个结高髻、身穿鲜艳杂色外套和长内袍的信众。他们抬着头，聚精会神地聆听佛陀说法。全画的设色精细艳丽。

图版13
佛传故事

图版右侧以几乎原大的比例翻印了一幅幡画（Ch.xx.008）。在这批幡画中，还有几幅与此画在风格和描绘方式上完全一致。它们表现的都是佛传故事的场景。[27] 这些场景构图十分简单，低矮的山峦将它们分成不同的画面。正如画上留白的题记部分所示，这幅画上只有三个场景。

最上方的画面表现了在乔达摩太子逃离王宫之后，净饭王坐在王宫凉廊下，向负责搜寻他的骑士传达指令的场景。与其他幡画一样，画中的骑士同样身材矮胖；画中的马健壮敦实，似乎就是如今的蒙古矮种马。下一个场景中，我们看到骑士手持三角矛，驾马左行，踏上了搜寻之路。画家以精细的笔触画出他身下那匹带红斑和白色鬃毛的栗色马。

最下方的场景表现的是骑士回到王宫，向净饭王汇报搜索无果的消息。和上方的画面一样，净饭王端坐于凉廊之下。外面有两个正在演奏笛子和箫的乐师，他们吸引了净饭王的注意力。前景中有一块围场，里面有一片莲池和几竿竹子。围场门前还有一个六角形的小建筑，里面放着一个长方形的黄色物体。建筑上方

---

[27] 参见 *Serindia*, p. 947（sub Ch. 0039）。

跪着一个身穿白色外套的乐师，他正在演奏拍板。我们尚不明确前景中物体的意义。画家的描绘方式虽然略显粗糙，但是其有力的笔触使得整个画面充满了活力。

图版左侧以1∶2的比例翻印了一幅大型绢画（Ch.0059）的左侧局部。此画虽然破损严重，但仍引人入胜。原画色彩浓烈、主题特别。全画表现的是站立于著名佛教灵山灵鹫山洞穴之内的释迦牟尼及其两侧的本生故事场景。在这批敦煌绘画中，这些本生故事是独一无二的。我们至今无法释读出其内容。尽管佛陀的形象只剩下了右肩和右臂，我们仍能确定其形象特征。佛陀身后和头上有层层叠叠的深蓝色和褐色山石，山头还立着一只灵鹫。这两点都佐证了画作的主题。

佛陀的姿态完全证实了这一点。他五指张开，手臂虽然离开身体略有距离，却笔直地垂向地面。这与图版34刺绣画的主佛形象完全一样。毫无疑问，这表现的是灵鹫山释迦牟尼说法。图版14也表现了这一场景。华盖的形状和特征以及人物的深黄色肌肤，同样让我们想起了那幅刺绣画。佛的背光以钴蓝色画边，其淡绿色和朱红色的光晕外皆有朱红色和深蓝色的火焰纹和云纹。比起山头的灵鹫，天空中正在飞翔的野鸭和野鹅显得更为真实。

一个弟子面朝佛陀，站在他的身旁。这可能是舍利弗（Sariputra）。画家以生动的笔触画出了他不同寻常的外貌。他的头形很长，额头和后脑勺都有明显的突起。他的大鼻子、浓眉毛和尖下巴进一步凸显了其头部的特征。画家还用浓艳的朱红色画了一个圆形头光。他的衣着也很有特点，其包括朱红色和淡绿色的内袍，头部上翘的黑色鞋子，还有深绿、蓝色和红色构成的杂色大袈裟。这件袈裟盖住了他的手臂和肩膀。

　　画面边缘的故事场景也很不完整，仍需进一步地研究。不过，他们显然与灵鹫山上的释迦牟尼像有关。最上方场景的背景中，有一尊与中央主佛姿态相同的佛像。他的左侧有一栋庙宇模样的建筑。建筑前站着一个比丘，他伸着手，向下方的行人指着佛像的方向。前景中，一个身穿褐色外套和长筒靴的男子正骑着驴前行。山峦刚好挡住了驴腿。他的身后，一头驮着黄色物体的白象也正往左前行。不过象夫的形象已经完全损毁了。画面左侧有两个描绘简略的男子，他们长着黑胡子和浓密的黑头发。

　　下一个场景更加令人费解。场景中部的地面上有一双巨手，手里握着一颗红色的人头。右侧，四个圆锥形的物体排成了一排，这可能是帐篷。帐篷上方立着一面朱红色的三角旗。帐篷后面，一个男子正骑着深灰色的马疾行。他抬着右臂，仿佛是要策马。他的身后跟着两个骑士。左侧的前景中还有一个绿色的斜坡，斜坡上有一排不知名的叶状物体。它们上方还有两个不完整的半裸人物。

　　最下方的场景非常有趣。云层中站着雷公，他正猛烈地敲击着身边的一圈鼓。场景中部的岩石后方，有一尊处于朱红色脚手架之内的大型佛像。这尊佛像表现的是释迦牟尼灵鹫山说法的场景。其右臂下垂，左手将袈裟提到胸前，捏成“耳朵”的形状。这与图版 14、34 中的释迦牟尼佛形象一模一样。脚手架两侧各有一个人，他们靠一只脚立在佛像肩膀上来保持平衡，双手在佛像的头部忙碌着。左侧的建筑后方，一名男子似乎正在向这些工人发号施令。佛像脚下还蹲着一个人，他以与雷公相似的姿势伸着双手双脚。画面最下方的残片上还有一个忿怒相的雷公。

这个脚手架可能与佛像的开光有关。关于这点可以参阅《西域考古图记》。[28] 无论这些边缘场景的内容究竟是什么，我们都无法忽略其与主画面人物形象的巨大差异：边缘场景的人物僵硬刻板，主画面的人物生动活泼。

图版14

瑞相图

这幅大型绢画（Ch.xxii.0023）品相较差。本图版以 1∶3 的比例翻印了其左半边的残余部分，且具有独特的图像学价值。图上有众多佛和菩萨，他们分布于相互独立的隔层里。毫无疑问，这些形象均以印度风格绘成，这一风格源自犍陀罗的希腊化佛教艺术。根据画中所残存的中文题记[29]，彼得鲁奇率先提出，这些形象是印度诸多佛教圣地佛像的写照。这张图版表现了其中 11 个佛像。其余部分的残绢还有 7 个佛像。[30] 根据他们的姿势，我们目前可以辨识出其中 6 个佛像的身份。我们仍在寻找关于其他佛像身份的线索。

最上方左侧的佛像是释迦牟尼。这里表现的是他开悟前遭受魔罗（Mara）骚扰的著名场景。佛陀手施降魔印，其头部的三

---

〔28〕参见 *Serindia*, p. 880。

〔29〕参见 Petrucci, *Annales du Musée Guimet*, xli. pp. 121 sqq。

〔30〕《西域考古图记》的图版 70 表现了此画刚进入大英博物馆初次装裱后的左半部分。在装裱最终完成后，画面有了一些微小的变化，这些变化都体现在这幅图版中。另可参见：*Serindia*, pp. 1024 sqq。

面怪兽冠象征着魔罗的喽啰。菩提迦耶（Bodh-gaya，译者注：佛陀悟道之地）的一尊佛像即以这种姿势来描绘即将成道的佛陀。玄奘曾详细描述过这尊佛像。至今，它仍有不少复制品传世。画面中，佛像的右上方有一段中文题记，指出这尊佛像位于摩揭陀国（Magadha）。这佐证了我们的看法。右上角有一尊坐姿菩萨像，他同样手施降魔印。他的红色袈裟与佛陀完全一样。他的背光中有两个白色的新月。其背光与头光均有火焰纹。幸运的是，这尊菩萨像的题记也保存了下来。根据彼得鲁奇的说法，这段题记记载此像表现的是迦毕试国（Kapisa）的银质菩萨像。这一地区是如今的喀布尔（Kabul）。[31]

　　图像学特征帮助我们识别出另外四个佛像。最上方中部的站姿佛像右手施无畏印，其椭圆形的背光中布满了相同姿势的小佛像（我们仅能看到这些小佛像胸口以上的部分）。我于 1901 年在和阗拉瓦克精舍（Rawak Vihara）的南墙处发现了两尊巨型泥塑浮雕佛像。[32] 画中的佛像在形态和衣纹上都与这两尊佛像完全一样。还有一尊同样表现这一形象的小尺幅犍陀罗浮雕。傅舍已经证明，他们所表现的都是佛陀在舍卫城示现大神变的故事。[33] 中间部分的右侧，有一尊站姿佛像，他背光的 S 形顶端有两只瞪羚（鹿），这表明此像表现的是佛陀在鹿野苑初转法轮的场景。最下方装饰繁复的站姿菩萨手持莲花和净瓶，这显然是

---

〔31〕参见 Petrucci, *Annales du Musée Guimet*, xli. pp. 122。我们在大英博物馆刚展开此画时，就看到了这尊佛像。其左上角裱有一段题记，这段题记位于底部两个站姿佛像之间的空白处。参见 *Serindia*, p. 1025 sq.。

〔32〕参见 *Ancient Khotan*, i. 493, Figs. 62-4。

〔33〕参见 Foucher, *Beginnings of Buddhist Art*, p. 172。

观音菩萨的形象。他身边众多小个头随从能够帮助我们进一步确认这一图像的含义。

图版右下角的站姿佛像具有特殊的图像学意义。他的姿态非常僵硬，其衣纹的处理方式以及其背后带斑点的岩石表明，这表现的是释迦牟尼灵鹫山说法。它与图版13、34中的释迦牟尼形象很类似。图版13中的灵鹫证明这些山石表现的是比特那地区（Bihar）王舍城（Rajagrha）附近的著名山峰。在佛教典籍中，佛陀晚年在此处有过许多活动。此画没有题记，因此，我们无法知晓这三幅画所表现的佛像位于何处。不过，他们不仅姿势完全一样，在衣纹、发型和服饰方面也十分相似，这表明这三幅画源自同一个原型。毫无疑问，这个原型是希腊化佛教风格的雕塑。

这一特殊的例子证明，画家在表现同一个原型时，会严格模仿原型的细节。这让我们坚信，画家在表现此画中的其他人物时，也会复制原型的细节。一些11世纪尼泊尔手抄本中的微型画表现了不少印度佛教圣地和圣像，它们与此画具有可比性。傅舍已经证实，这些微型画的作者在描绘关键细节时，会一丝不苟地模仿具有历史积淀的原型。[34]

我们尚不清楚，此画作者所采用的原型究竟属于何种形式。不过其保留的希腊化佛教风格表明，它们间接地源自犍陀罗艺术。后者最有可能经由中亚传播到敦煌。可能有人会质疑，崇拜此类画作以及它们的原型是否具有与实地探访遥远的佛教圣地同样的功德。此画纯用白描，几乎没有设色，这与某些于阗壁画在技法

---

〔34〕参见 *Iconographie bouddhique*, i. 40 sqq。

上有相似之处。可能因为其绘制年代较早，此画破损十分严重。

图版15

二观音图

随着大乘佛教的传播，菩萨信仰在通俗佛教中变得越来越流行。敦煌绘画中大约有一半描绘了菩萨的形象，他们有时单独出现，有时则与其他佛像同时出现。虽然菩萨的数量非常多，不过就算在大乘佛教的发源地北印度，通常也只描绘一部分菩萨。在这些菩萨中，象征慈悲的观音菩萨占据了最为重要的位置。观音不仅经常出现在敦煌绘画之中，还在今天的远东佛教中十分流行。

图版15以1：3的比例翻印了一幅保存相对完好的大型绢画（Ch.xxxviii.005）。画面中是两尊几乎与真人等大的观音菩萨。他们面朝对方，笔挺地站立于画面之中。他们外侧的手均施说法印。左侧的菩萨手持黄色花朵，右侧的菩萨则手持净瓶和柳枝。这些都是观音菩萨的特征。[35]图上的题记应该可以帮助我们认定此画表现的是观音菩萨的何种法相。然而，我们尚未获得这段题记的译文。（译者注：此段题记如下："……三涂承生净园早登佛果一心供养……然成觉惠同祭观世音菩萨一为先亡父母神生净土……归乡敬造一心供养……〔观〕世音菩萨。清信弟子温义为己身□……清信弟子□温为己身□……归乡敬造一心供养……永安寺老宿慈力发心敬画观世音菩萨为过往父……三早遇佛界一心供养。信弟子男永安寺律师义……一心供养。信弟子兼伎术子弟

---

〔35〕关于柳枝的象征意义，参见图版24。

董文亥一心供养。"其与观音的法相完全无关。）

画中的观音菩萨描绘精细，设色和谐明艳，整体形象恢宏大气，突破了传统佛像在姿态和形象上的限制。除了下斜的双眼之外，此像在类型和起源上都来自印度。中国画家以高超的技艺在印度传统之上做出改进。观音的法衣线条流畅，形象庄严优雅，这两点都反映了中国风格的影响。画家以精细的笔触描绘了观音的面容，并特意施加了粉色的渲染。画家夸大了佛像绘画传统，将菩萨的耳垂画得特别长。菩萨的双手形象精准，与透视拙劣的双脚形成了鲜明的对比。

菩萨的服饰、发型和首饰描绘繁复，与幡画上的菩萨形象相一致；[36]这些装饰虽然复杂，却丝毫不显得杂乱。菩萨的头饰上是化佛阿弥陀佛。他们身旁的莲花花蕾里长出了彩色的流苏。菩萨的服饰包括淡绿色的披帛、印度红色的内袍和橙色的裳裙。菩萨腰间的宝石皮带上系着一条白色的带子。其末端悬在裳裙前方，打了一个蝴蝶结。沉重的金项圈上挂着的璎珞一直延伸到腰部和膝盖处。宝石脚镯固定住了内袍的底部。两位菩萨都脚踩着两朵盛开的莲花。菩萨四周画了不少花叶。他们仿佛是飘浮在空中一般。

图版16

四身观音菩萨像

本图版以 2∶5 的比例翻印了一幅保存完美的大型绢画（Ch.

---

[36] 参见图版 19、29、41。

lv.0023），这幅画具有独特的价值。[37] 它是这批绘画中系年最古老的画作。画面下方的题记上有与公元 864 年相对应的日期。画中上半部分是形态僵硬、并排而立的四身观音，这一风格源自印度佛教艺术，而下半部分的生动描绘则来自中国艺术。画面下方，普贤菩萨和文殊菩萨坐于莲座之上，骑着各自的坐骑（分别为六牙白象和狮子）朝对方前行。他们身边跟随着一群随从。我们已经在图版 3、4 等宏大构图中见过这样的场景。普贤菩萨施说法印，文殊菩萨则施金刚缚印。他们的衣着、饰品、头光、背光和随从（此处为两个托着三层华盖的供养菩萨和牵着坐骑的深色皮肤印度随从）均与上述巨型绢画十分接近。这样的表现形式亦与许多幡画中的单个菩萨形象相一致。[38] 这幅系年作品表明，早在 9 世纪中期，这样的图式就已经确立了。

与十分容易辨认的文殊、普贤菩萨相比，想要辨识出画面上半部分四身观音的具体法相，我们就必须依靠画中那段简短的汉文题记。[39] 除了一些小细节之外，这四尊观音的服饰和姿态完全相同。他们都一手握着一朵红色（红白色）莲花，一手握着一个净瓶（最左侧的观音除外）。他们都身穿红粉色的裳裙，其从腰部一直延伸到了脚上。他们还穿着紧身短褂和胸衣。贴身的袖子盖住了他们的上臂，袖子上还戴着臂钏。他们肩头挂着粉色的织物，一条狭长的红绿色披帛横穿过织物，随后一路顺着手臂延伸到地面。他们的冠饰上同样有阿弥陀佛。

---

〔37〕关于此画的小尺寸彩色图版，参见 Desert Cathay，ii. Plate VIII。

〔38〕关于中国风格的菩萨像幡画，参见图版 19、29、41。

〔39〕参见彼得鲁奇的解读，Serindia, p. 1416 sq。

上述细节将这些观音菩萨像与经常出现在幡画上的一类菩萨像联系到一起。他们在面容、服饰、姿态和肤色方面延续了印度佛教艺术的特征，是当之无愧的"印度"风格。[40]这幅画中兼具印度风格和中国风格的菩萨像，为我们区分这两种类型的菩萨像提供了帮助。

在画面最下方的窄条中，题记的两侧跪着男女供养人。他们身前的中文题记让我们知晓了他们的身份。[41]右侧跪着比丘模样的男性供养人，他后面跪着三个身穿世俗服饰的男子，他们是他的儿子。左侧跪着两个比丘尼模样的女子，她们身后的仕女是两个儿子的妻子。我曾经提到过这些世俗服饰的特殊价值。[42]我们可以通过这两位仕女的衣着和发型，来为其他有相似供养人形象的画作断代。她们的袖子宽度有限，她们也没有头饰，这与公元10世纪的女性供养人形象差别很大。此外，10世纪男性常戴的宽檐帽也与此图男子所戴的帽子有所不同。

图版17

千手千眼观音像

本图版以略小于1∶4的比例翻印了一幅大型绢画（Ch. lvi.0019）。在这批画作中，这幅画是装饰性和色彩效果最为突出的画作之一。此外，此画的保存状态也很优异。它的主题是千手千眼观音。观音四周的众多随从构成了他的曼荼罗。图版42以

---

〔40〕关于印度风格的菩萨像，参见图版21、22；关于此类幡画的详细介绍（特别是众多麻质幡画），参见 *Serindia,* p. 862。

〔41〕参见彼得鲁奇的笔记，*Serindia,* p. 1398。

〔42〕参见图版6的文字介绍。

相对简略的方式表现了同样的形象。此画虽然表现繁复，但每个主要随从的身旁都有中文题记，这让我们得以了解他们的身份。在这些题记的帮助下，彼得鲁奇就此类复杂图像的含义作了长篇的考证。关于这些考证，读者们可以参考《西域考古图记》。[43]

画面中央是一个巨大的观音菩萨，他的身后有一个背光状的圆盘。这个圆盘是由众多手构成的，每只手的掌心处都有一只睁开的眼睛。千手千眼观音的形象在印度晚期佛教艺术中也很流行。这种形象代表了观音菩萨普度众生的愿望。菩萨坐于莲座之上，头顶有一个挂满了流苏的华盖。他手中握着众多常见的法器，例如日精摩尼、月精摩尼、净瓶、宝螺、柳枝、宝戟、金刚杵、法轮和宝锤。一束彩虹似的光芒从中间的手中向上穿出。与常见的菩萨形象一样，画家用黄色画出了他的肌肤，并加上了粉色的渲染。他的头发与全画的底色均为青色。菩萨耳旁的小头为忿怒利牙面，其余小头均位于三重天冠之上。

在随从中，我们可以看到华盖上方坐着日光菩萨和月光菩萨。他们的身前分别有五只白鹅和五匹白马。画面上部两侧描绘精细的祥云中坐着"十方化佛"。与其他随从一样，他们也呈对称状分布。他们下方各坐着两位菩萨。他们的身后有装饰繁复的花卉背光和头光。右侧菩萨的下方是跟着三位侍从的因陀罗，左侧菩萨的下方是跟着两位侍从的婆罗门。这些侍从均为跪姿，身穿华贵的中式官服。在他们下面是两个恶魔状的随从，毫无疑问，他们都是湿婆的化身。右侧是三头六臂的摩诃迦罗

---

〔43〕参见 M. Petrucci, on 'Mandalas de Kouan-yin', *Serindia*, Appendix E, pp. 1411 sqq.; 关于此画的详细讨论，参见，同上，pp. 1077 sqq.

（Mahakala），他正靠在湿婆的公牛背上。左侧是忿怒相的摩醯
首罗（Mahesvara），他双腿分开，站在鳄鱼头的大蛇身上。他
中间的手抓着长矛和绳索，绳索上拴着两个半裸的人。

　　观音菩萨的莲座下有两个饿鬼，他们伸着手迎接菩萨所倾倒
的甘露。莲座前方有一个水池，里面站着两个手握莲花茎的龙
王。他们均为人形，不过他们的头顶有由五个蛇头所组成的头
冠。这是富有印度历史渊源的龙王特征。除了更小的龙王之外，
水池中还有一个莲花化身童子（如今这部分基本已经损毁了）。

　　画面下部的两侧各有一大群随从。其中的主要人物均为四臂
的女性神祇，她们身穿菩萨的服饰，都坐在一只神鸟之上。右侧
的那位骑着凤凰，身后还跟着一位佛。佛后面那位女神的形象十
分有趣，她手抱儿童的形象证明她可能是鬼子母（Hariti）。根
据佛教传说，她原本是一位恶神，经佛点化，转而成为儿童的保
护神。[44]左侧的那位骑着孔雀。由于没有题记，我们无法判断
其身后随从的身份。他们的下方各站着两位身穿铠甲的天王。画
面下方的角落还各有一个六臂的金刚手菩萨（Vajrapani），他们
驾火前行，身上都有蛇形装饰。他们脚下都踩着长着野猪头的小
恶魔。水池右侧坐着一位身穿苦行僧服饰的清瘦老者，左侧则是
一位衣着华贵的散花女仙。以图版 42 为代表的画作将这两人描
述为"婆娑仙"和"功德天"。

　　由于其中出现了摩诃迦罗、摩醯首罗等湿婆化身，因此这幅
精美的观音曼荼罗的图像学意义十分明确。它们反映出，就算在

---

〔44〕参见傅舍的优秀论文，'La Madone bouddhique' in *The Beginnings of Buddhist Art*, pp. 285 sqq。

印度教神话发展的晚期，其仍然对中亚和远东的佛教神谱产生了重要的影响。在艺术性方面，此画结构严谨，细节描绘精细。不过，这幅画之所以能在众多敦煌绢画中脱颖而出，主要还是因为其艳丽的设色。

图版18

观音菩萨像

图版 18 以 1∶2 的比例翻印了一幅观音立像。这幅画具有独特的魅力，与前面图版中的画作截然不同。这幅画的边缘以及菩萨膝盖以下的部分有残缺，全画的褪色情况也很严重。不过色彩的剥落反而突出了图案和人物的描绘细节。除了绘画技巧极其高超之外，这幅画还带有强烈的艺术个性，这两点使得其成为最出众的敦煌单个佛像绘画。

观音菩萨面朝观者站立，其头部垂直、双目微垂。他的左肩往前略微突出几分，全身重量均由右胯承载。这是典型的印度风格。他的面容是一位青年男子的形象，其容貌受到了犍陀罗艺术的巨大影响。他高额长目，鼻子高挺。略显弧形的眉毛朝着额头外缘弯曲。清癯的脸庞和协调的面部比例让他拥有了鲜明的个性，这在常见的半女性化菩萨像中十分罕见。他神情庄严安详，同时又若有所思。他的右手握着一根柳枝，在胸前施说法印；左手垂在身旁，手持净瓶和一根长着粉色花卉的长茎。

菩萨身穿常见的服装和头饰。我们在前文已经将这种装束的菩萨归入"中国"风格之下。菩萨的天冠式样简单，仅由带火焰宝珠的圆环和耳畔的长流苏组成。天冠上同样有化佛阿弥陀佛。

天冠后面露出了菩萨的双髻。菩萨没有穿内袍，取而代之的是覆盖于胸口的淡红色披肩。灰绿色的披帛颜色已经十分黯淡，它穿过胸前，挂在肩膀和上臂处。菩萨腰间还穿着一条褐色的裳裙。

画面右下角跪着两个手握莲花花蕾的小人。这对男女童子显然是供养人。男童结双髻，女童结坠马髻。这在敦煌绘画中不大常见。他们从脖子到脚都穿着一件长袖外套，其对断代来说毫无帮助。

图版19
双杨柳观音像

本图版以 2 : 5 的比例翻印了两幅观音立像绢画，画中同样没有随从。两幅画膝盖以下的部分都已经破损了。左侧那幅画（Ch.xxii.0030）描绘精细，技法高超，是中国风格佛像的典型代表。

此画中的观音面朝右侧站立，我们能看到其四分之三的面部。他右手持柳枝，握着净瓶的左手则垂在腰间。其头光上方有一华盖，华盖上流苏的动态表明，他意欲迈步行走。此画线条延绵，笔触饱满。额头较低，脸颊饱满，嘴巴和下巴很小，眼睛下斜，这些都是此类菩萨像的典型特征。他乌黑的头发悬垂于耳畔。其流苏天冠前有化佛阿弥陀佛，阿弥陀佛右手施无畏印。其裳裙垂于腰间，裙子上方有一件延伸到胸口的内袍。一条暗蓝色的披帛拥有画中最突出的色彩。菩萨身上的首饰镶满了淡粉色的宝石，显得十分繁复。右侧的中文题记包含对观音菩萨的致敬。

另一幅画（Ch.lvi.0016）中的观音朝左侧站立，我们同样能看到其四分之三的面部。他双臂举于胸间，右手握净瓶，左手持柳枝。其头部的上半部分已经破损；残余的五官包括直视前方的双眼，这一细节的描绘十分出色。他的肤色白里透粉。在深红色的内袍和橙红色的裳裙之上盖着一块橄榄绿的披肩。除了常见的繁复珠宝之外，菩萨的脖子上还挂着一串璎珞。全画构图简洁，用笔肯定。

图版20

观音菩萨像

本图版以略大于2∶3的比例翻印了一幅精美的绢画（Ch.xviii.003）。在这批敦煌绘画中，这幅绘画是独一无二的。它以印度菩萨像的风格描绘了一位站姿观音，并拥有许多突出的特点。全画保存情况良好。可惜的是，以暗红色勾勒和淡粉色渲染而成的上半身颜色黯淡。而首饰和服装的颜色则绚烂如新，这些原本不起眼的部分如今成为注意力的焦点。

观音菩萨面朝观者站立，双脚立于两朵深粉色莲花的亮绿色花心之上。他双目微垂，头部稍稍扭向右肩，仪容庄严，神情慈祥。其额头上的头发为淡蓝色，眉毛则为淡绿色。由黑色颜料绘成的睫毛、瞳孔、唇线均保存完好，与其余褪色的五官构成鲜明的对比。其右手抬至肩头，握着一根柳枝，左手则摊开手心，捧着一个粉蓝色的小净瓶。菩萨鲜红色裳裙上有一条蓝色的紧身细褶以及蓝色的三叶形图案。他的胯部还悬着一条绿色的腰带。其左肩和手臂之间缠绕着一条粉中带绿的细长披帛。其头部和肩膀后面挂着几块白色的布料。

菩萨的头饰是一个鎏金圆环，圆环前方的宝珠上有一尊化佛。化佛身后是一个粉绿色的圆柱形物体，这块区域已经基本损毁，所描绘的可能是一个高髻。菩萨的首饰由鲜红色、蓝色和铜绿色的宝石组成，上面还挂着成串的珍珠。菩萨的头光是一个带红色火焰的绿色大圆盘。左上角的中文题记中没有日期，不过却提到此画是一位儿子为纪念父亲而供奉的作品（译者注：此处斯坦因的阐释有误，画中题记的实际文字是：女弟子九娘永为供养）。

图版21
观音菩萨像

这幅图版以 1 : 3 的比例翻印了一幅观音菩萨像（Ch.liii.005）。除了最上端和最下端之外，此画保存情况良好。画中的菩萨在外形、姿态和服饰上具有鲜明的印度风格。不过中国画家推陈出新，在画中创造出一种优雅的气质。这种气质使得此画超越了寻常艺术品的范畴，产生了独特的魅力。

画面上，腰身纤细的观音菩萨左肩微微前倾，全身重量均由右胯承载。这是典型的印度姿势。不过画家以中式笔墨升华了原本僵硬的姿势和相对固定的装饰细节。他的脸又短又圆，嘴巴略大，还长着一簇小胡子。脸颊下方的卷状物代表的是络腮胡。他的眼距很宽，双眼几乎在同一水平线上。画家还用上翘的劲利线条画出了他的眼睑。他的皮肤白里透红。

菩萨身穿一条常见的橙色百褶长裙和一件印度红的紧身罩裙。罩裙上点缀着蓝白色的蔷薇花饰。裙子上系着一条窄饰带，其身前的饰带呈环形，两侧的饰带则呈条状。菩萨身上还有一条橄榄绿的腰带，一件红色的抹胸和一条深巧克力色的披帛。这条披帛一直从手臂处延伸至脚上。菩萨身上繁复的首饰在整体上与图版16的《四身观音菩萨像》很相似，不过其天冠上没有化佛。其头光的暗蓝色外边上有一圈蓝白色的花饰，这是菩萨头光中经常出现的图案。

图版22

两幅观音菩萨像

本图版以3：7的比例翻印了两幅绢画。这两幅画所表现的均为印度风格的观音菩萨，且其身旁均有供养人。左侧的画作（Ch.liv.006）是一位站姿的观音。如前文所述，其庄重的线条和艳丽的设色具有典型的印度风格特征。除了僵硬的姿态之外，我们还可以注意到一些特殊的风格细节，例如，从天冠一直延伸到膝盖处的饰带在身前打了一个结，还有垂至肩头的弧形头发。菩萨的头发是天青色的，其皮肤以白色颜料绘出，并有朱红色的渲染。他接近水平的眼睛上方长着格外高的眉毛。与大多数菩萨像一样，他的眼睛也是绿色的。菩萨站立于一朵红白色的莲花之上，莲花漂浮在湖泊或溪流之中。他身后的绿色背景中长满了高大的竹子。

菩萨的左侧站着一位比丘尼，其中一条带有公元910年年款的中文题记将其描述为女性供养人。[45] 她身穿红色宽袖内袍和紫褐色袈裟，胸口披着一条带有花卉图案的饰带。画家用天青色

---

[45] 参见彼得鲁奇的解释，*Serindia*, p. 1397。另外两条题记中似乎包含祈求观音庇佑的带韵发愿文。

描绘了她的短发。她的手中还捧着一个香炉。她的对面站着一个童子，童子捧着一个碟子，碟子上装着一束红色的莲花。他身穿深褐色的带裙外套。从外套的开衩处我们可以看到他穿着一条白色的宽大裤子。在发愿文的帮助下，彼得鲁奇辨认出他是比丘尼的亡弟。

右侧的画作（Ch.xl.008）品相完美，表现的是坐姿的六臂观音。画面中还有边缘场景及供养人。菩萨最上方的两只手握着日精摩尼和月精摩尼（其中有一只三足鸟和一棵树）；中间的手置于胸前，施说法印；最下面的手则置于膝盖之上，握着一串数珠和一个净瓶。菩萨身前摆着一个盖有帷幔的祭坛，祭坛上放着两个净瓶和一个盖盘。菩萨的形象虽然受到传统描绘方式的制约，不过其具有描绘精细和施彩保存完好这两个特点。画中的色彩主要包括外套的陶红色（其披帛是深褐色）以及肌肤的粉白色。画家用耀眼的黄色画出菩萨的珠宝。画面的背景则完全来自画绢本身的深绿褐色。

画面两侧，画家用生动的笔触和纯粹的中国风格表现了观音菩萨救助信徒于诸难的场景。[46] 我们在右侧看到一个身穿遮羞布的男子即将遭人枭首的场景。在其下方，空中飘着一团代表龙王的乌云，两个男子正举着双臂逃跑。再下方是一人将另一人推入火坑的场景。左侧最上方是一人将另一人推下悬崖的场景。中间的场景中，一人头戴枷锁，跪在拱形大门前，他的身前是锁手脚的木质镣铐。最下方的场景中，一位男子被蛇蝎恶虎环绕，却

---

〔46〕关于相似的场景，可以参见图版1。

毫无惧色。

　　画面的最下方画着一组供养人，中间还有一块原用于书写题记的空白处。这些供养人形象生动，他们所穿的服饰流行于 10 世纪。右侧的两个男性供养人中，前面的那个人手捧香炉，后面的那个人则手握莲花花蕾，双手合十。左侧跪着的女性供养人身穿宽袖长袍；她结着高髻，插有巨大的粉白色发簪。不过，她的身上没有常见的花叶形装饰。她的身后站着一位童子。童子身穿白色长裤和带花卉图案的粉白色上衣，他的头发中分，在头顶的两侧各有一个发髻。

图版23

六臂如意轮观音菩萨像

　　此图版以 1∶2 的比例翻印了一幅大型绢画（Ch.xxvi.001）。这幅原本十分精美的作品如今破损严重。它的下部因火灾而焚毁，右侧边缘完全缺失，此外，几处深绿色颜料在绢面上腐蚀出几个破洞。画上的大部分颜料已经剥落；尽管几经磨难，这幅画还是显得构图严谨，描绘流畅。

　　此画表现的是六臂如意轮观音菩萨。菩萨以右膝微屈、头部倚向右肩的"自在坐"姿势坐于一个巨大的白色莲座之上。这种典型的"印度"姿势与腰身纤细的胡服观音十分协调。只有在菩萨像的膝盖处，我们才能看到此画中所出现的花卉纹装饰。菩萨最上方的两只手优雅地屈着手指，指向头部；中间的右手施说法印，左手掌心向上；最下方的两只手则垂于膝盖之下。除了天冠前方的化佛之外（其外形酷似透雕铜圆锥体），画中没有观音菩萨的其他标志。

菩萨圆形的头光和背光装饰非常繁复。背光中有大量锯齿纹和花卉纹，头光中则有大量波浪纹。它们外侧都有连续的火焰纹边饰。菩萨四周还有一条白色光带，将菩萨全身包裹在光圈之中。

菩萨头顶有一个华盖，华盖上镶有火焰宝珠。一枝双生莲花的枝干分别延伸到华盖的两侧，上面各坐着一个供养菩萨。画面下方相对应的位置原本也有同样的供养菩萨，可惜这些区域已经损毁了。

设色方面，画家主要用的是不同色调的红色、绿色和白色；不过白色颜料和用来描绘菩萨肌肤的黄色颜料基本已经完全剥落了。

图版24
两幅纸本观音像

这两幅纸本绘画表现的都是观音菩萨，不过它们各有特色。右侧那幅（Ch.i.009，以 2∶3 的比例翻印了原画）描绘的是水月观音。在我们的藏品中，除了此画之外，仅有一幅画表现了观音菩萨的这一法身，其具有特殊的图像学价值。宾雍指出，根据远东传统，"宋代一位皇帝在梦中'首次看到了这一法相的观音'，他下令让画师对此进行描绘；不过，毫无疑问的是，早在宋代之前，就出现了这一形象的观音"[47]。与源自日本佛绘传统的推论

---

〔47〕参见宾雍的笔记，*Guide to an Exhibition of Paintings, Manuscripts, and other Archaeological Objects collected by Sir Aurel Stein in Chinese Turkestan*, British Museum, 1914, p. 12。

相反，这一例子与下文即将提到的地藏菩萨像都证明了一点，那就是千佛洞绘画表明中国某些佛教图像的出现时间要比我们想象中早得多。

身穿印度风格服饰的观音菩萨左足悬空，右足埋入左腿之下，坐于水面一朵盛开的莲花之上。他的右手握着柳枝，左手则握着常见的观音标志净瓶。一个以红色轮廓线描绘的巨大圆形背光笼罩了他的全身。背光右侧和上方是此类画像中常见的柳树。画面左侧有一朵祥云，云上站着一个身穿中式官服的小人，他双手合十，做跪拜状。他的身后站着两个结双髻的童子。画面最上方是一个带帷幔的华盖。画面底部的河岸边有一个祭坛。祭坛右侧站着一个供养人。他身穿黑色外套，戴着 10 世纪常见的宽檐帽子，手里捧着一只香炉。画中四处长方形装饰中均没有留下题记。

画家在这幅画中主要使用了鲜红、淡蓝和淡绿这三种颜色。虽然用色很简单，不过此画的描绘却十分细致。

左侧的图版以 3∶5 的比例翻印了原画（Ch.0054），此画同样也有不少有趣的特点。画的上方有一个长方形的平台，平台上坐着一个菩萨。从他的随从判断，这位菩萨应该也是观音。右侧随从手中所握的高个净瓶进一步证实了这一点。他的衣着、发式和首饰都属于中国风格。平台的壶门中有成对出现的狮子头图案，代表的是"狮子座"（*simhasana*）。它反映了源自萨珊王朝纺织品的影响。

此画仅表现了曼荼罗的左半部分。画作狭窄的尺幅可以解释这个不同寻常的特点。毫无疑问，此画原本属于一幅幡画。画面下方还有两个合掌的菩萨。他们身边站着两个带头光的比丘。比丘之上是两个天王。最上方是一个持戟的恶魔。从其手中的嵌宝慧剑判断，其中一位天王是南方增长天王。观音右侧的华盖下方有一朵祥云，云上跪着三个童子，他们正在演奏箫、笙和拍板。在他们下方的头光边缘，站着一个供养菩萨。他的脚下也有一片祥云，他的手里则握着前文提到过的净瓶。净瓶上有蓝色和白色的斑纹，这无疑是出于对瓷器的模仿。

画的下半部分是一队往左行进的人。队伍中央是一位中国贵族。他的身边跟着一大群随从。贵族身边站着两个随从，他们手中握着两把交汇于贵族头顶的屏风扇。显然，这位贵族是画中的供养人。根据流传下来的题记等历史资料，我们可能可以考证出此人的身份。他属于公元 9 世纪、10 世纪中原君主治下的敦煌世袭统治者之一。[48] 此人身穿白色内袍，外披黑色外套，外套上有包括日精摩尼、月精摩尼、双龙和卐字佛印在内的黄色图案。队列中只有他是礼拜者的形象，他头上形状特别的冠饰也标志着他的身份。

他的随从中包括身穿白色内袍和黑色外套的官员，他们的头上还戴着各式各样的黑色硬质冠饰。其中三人握着剑尖朝下的长剑，另外两人则握着纸卷。走在贵族身边的那个手握纸卷的人是一个童子，他可能是贵族的儿子。稍远处还有两个穿着锁子甲和短外套的人。握着屏风扇的两个随从穿着短外套和白裤子，右边那人的脚上还穿着一双凉鞋。它与我从敦煌发现的众多凉鞋标本

---

〔48〕参见 Chavannes, *Dix inscriptions chinoises de l'Asie centrale*, pp. 80sqq.; *Serindia*, p. 1338 sq。

一模一样。

　　画面下方的生动场景虽然描绘粗糙，但它显然是当时敦煌常见的典礼场景。尤为可惜的是，由于没有书写题记，我们无法知晓此画的创作日期以及画中贵族的具体身份。

图版25
两幅地藏菩萨像

　　这幅图版中的两幅画表现的都是地藏菩萨。在远东，地藏信仰的流行程度仅次于观音信仰。尽管地藏菩萨在中国和日本都深受崇拜，不过敦煌绘画中经常出现他的身影还是让我们大感意外。这是因为无论在印度佛教还是中亚佛教中，地藏菩萨的地位都不高。在敦煌幡画中，地藏菩萨通常以身披袈裟的比丘形象出现。[49] 其他画作描绘了地藏菩萨个性中的几个侧面，这解释了其至今仍风靡于远东的原因。

　　"地藏菩萨仍然作为八大菩萨之一而得到崇拜。他通过无数个化身来普度众生，他还因为可以突破地狱的束缚而得到崇敬。他手中的锡杖可以震开地狱之门，掌中的明珠则可以光照幽冥世界。地藏菩萨是六道的主宰，他还掌管着十殿阎王。"[50]

　　右侧的图版以 1 : 3 的比例翻印了一幅大型绢画（Ch.0021）。

---

〔49〕参见 *Serindia*, p. 864, with note 16。

〔50〕参见宾雍的评论，*Guide to an Exhibition of Paintings, MSS., & c., collected by Sir Aurel Stein*（British Museum, London, 1914），p. 7 sq.; 另可参见彼得鲁奇的叙述，*Serindia*, p. 1422 sq.。

中国和日本的地藏信仰史是一部重要专著的主题，*The Bodhisattva Ti-tsan（Jizō）in China and Japan,* by Professor M. W. de Visser, with numerous illustrations（Oesterheld & Co., Berlin, 1915），to which reference may be made for all details。

画中表现的就是掌管着十殿阎王的地藏菩萨。他坐在一块盖有华丽布料的岩石之上。他的右脚下有一朵莲花，左脚则弯曲在身前。他左手握着的锡杖倚靠在肩头，握着水晶球的右手则放在膝盖上。在绿色内袍外面，他穿着一件带黑色、红色和绿色杂斑的灰色袈裟，袈裟上还有黄色的条形装饰。一块带黄斑的灰色头巾包裹着他的头部，并一直延伸到他的肩头。他身上常见的菩萨装饰仅有璎珞和手镯。一块五彩缤纷的火焰背光构成了他的背景。背光上方有一个带花叶装饰和珠帘的华盖。

他的两边是十殿阎王。他们坐在带帷幔的桌前，桌子上放着生死簿。阎王身边的侍从有的在做记录，有的在听取吩咐，有的在呈送报告，有的正在挥扇。除了挥扇的侍从是恶魔模样之外，其余侍从都穿着中式服装。其中九个阎王身穿中式官服：这些服饰包括长内袍，鲜红色和白色的宽袖外套，以及黑、蓝、白色的各式官帽。右侧最上方的阎王全副武装，身披锁子甲，头戴头盔，还穿着一条拖到脚部的虎皮裙。

地藏菩萨面前坐着一只谛听。谛听前方有一个朝着菩萨合掌的比丘。前景中站着一个亡灵，他戴着枷锁，身上只有一块遮羞布。一个手持狼牙棒的牛头鬼在前面牵着他。他对着一面业镜回顾自己生前所犯的屠牛恶业。这个场景以梦境的形式出现在业镜上方的云朵之中。业镜后面站着一个手握毛笔和纸卷的侍从。

画上预留的众多空白处都没有留下题记。画面下方的供养人场景中也没有题记。两侧最前方都跪着一个比丘形象的供养人，他们的手里均捧着一个香炉。右侧那人的后面站着一个手握如意的童子，童子身后跪着一个头戴宽檐帽的男子（这种帽子在10

世纪服饰中经常出现）。左侧比丘身后仕女的服饰和发式也符合这一时间段的特征。

图版左侧的绘画（Ch.lviii.003，以 3 : 8 的比例翻印）完整无缺，还保留着紫色的绢质裱边和挂环。画中的地藏菩萨是六道之主和旅人保护神的形象。他面对观者而坐，脚下是一个鲜红色的莲花座。他的姿势与前一幅画中的地藏菩萨正好相反。他的右手握着锡杖，左手则握着一个水晶球。他身穿红绿色内袍和白地黑条纹的红色袈裟。他的头上和肩上戴着一块灰色的披帛。披帛上除了黄点之外，还有一条鲜红色的边带，边带上有白绿色的大型花卉装饰。

菩萨身前有一块平顶岩石，石头上盖着一块帷幔，上面放着一个盛有盛开莲花的绿色大碗。他的两侧各跪着一个合掌的菩萨。

菩萨的红绿色头光两侧各有三条鲜红色的条状光束。每条光束上都有一个小人，这代表的是六道。右侧最上方的人像代表人道；人道下方捧日月的四臂天部代表的是阿修罗道；再下方由火焰包围的恶鬼代表的是饿鬼道；左侧最上方的菩萨像代表天道；其下方的绢面虽有破损，不过还是可以辨认出其为畜生道；最下面的拿耙恶魔代表的是地狱道。

画面最下方有一块石板，石板上写有发愿文。它的两侧各坐着两位描绘精细的男女。他们的服饰和发式都符合 10 世纪供养人的风格。石板上的发愿文落款为公元 963 年。根据彼得鲁奇的记录，发愿文的内容是供养人祈求摆脱病魔的侵扰。他同时还为亡父亡母和两位写有名字的亲人祈福。

图版26

行道天王图

这幅图版以略大于 1∶2 的比例翻印了一幅品相完好的绢画（Ch.xxxvii.002）。此画表现的是北方多闻天王带侍从巡逻的场景。天王的形象经常出现在敦煌绘画之中，这表现了其在远东佛教信仰中的重要地位。天王形象的源头可以追溯到印度艺术传统，近来在南疆地区出土的众多壁画和雕塑同样证明了其在中亚佛教中的重要性。[51]

敦煌绘画中最常出现的天王就是北方多闻天王。这是因为在早期印度传统中，多闻天王等同于印度神话中的财神俱毗罗（Kubera）。多闻天王之所以受欢迎，还因为他是于阗的保护神。位于南疆的于阗是重要的佛教活动中心，其与敦煌的联系十分紧密。[52] 除了经常出现在敦煌幡画中之外，多闻天王在画中常常有侍从跟随，这也佐证了他的特殊地位。

图版 45 所翻印的绢画小立轴是表现多闻天王的杰作之一，我们将在下文详述此画。本图版所表现的绘画在构图和绘制上稍欠精细，不过此画形象生动，且具有突出的图像学价值。画中的多闻天王率夜叉侍从骑马横渡波浪起伏的海面。与通常一样，多闻天王身穿武士服，拥有一张青年男子的脸。他胯下的白马长着鲜红色的鬃毛和尾巴。他坐于马鞍之上，张着嘴回顾后方的侍从，似乎是要对他们喊话。

---

〔51〕关于天王像从印度和中亚传播到中国的历史，以及相关专家的情况，参见 *Serindia*, pp. 870 sqq.。

〔52〕参见 *Ancient Khotan*, i. pp. 158, 252 sq.。

他左手握缰，举着右手。他高挺的鼻子和眼睛具有鲜明的胡人特征。淡蓝色的瞳孔、深褐色的头发、弯曲的络腮胡和颊须同样体现了这一点。

他身穿及膝紧身黄色鱼鳞甲[53]，上面饰有鲜红色束带和边饰。他的腰间裹着一条带花卉装饰的皮裙。鱼鳞甲下有一件橄榄绿色的长内袍。他的头顶戴着一个三叶形的高冠，其形状及后面飞扬的长条表明其源自波斯。不少敦煌天王像的细节都体现了波斯的影响，不过这与本书的主题无关。[54]天王肩头的火焰发挥了背光的作用。

天王胯下白马的马具也极富特色。相较于其躯干和脖子，这匹马的头部非常小。它的头上同样戴着鱼鳞甲笼头。笼头上方插着两根黑白相间的羽毛。马的胸甲和牵鞍兜带上挂着众多绒球状的流苏。这种马饰经常出现在中亚和印度的佛画之中。萨珊浮雕中的骑士也常有这样的马饰。[55]值得一提的是，天王所穿的服饰和白马的马饰中还有不少源自萨珊风格织物的装饰母题。

两个身穿锁子甲、手持红色三角旗的夜叉在天王前方开道。他的身后跟着其余侍从。这些侍从的样貌都很古怪，其中两个还长着怪兽状的下巴。他们捧着一面带格子图案和圆点图案的大旗和一座小佛塔。这两样东西都是天王的象征，它们也出现在图版45之中。（天王的象征还包括钺和弓箭）前景中有三个样貌丑陋

---

〔53〕三叉形的甲片十分古怪，与其他天王像中的甲片（例如图版47）完全不同。不过图版45天王身上的盔甲也有这种佳品，因此，这可能是一种特殊的盔甲。

〔54〕关于波斯影响，参见 *Serindia*, pp. 871 sq., 874。

〔55〕参见 Herzfeld, *Am Tor von Asien*, p. 87。除了此书笔记141中所举的例子，丹丹乌里克出土的画（D.vii.5）也是一例。参见 *Ancient Khotan*, ii. Pl. LIX。

的妖怪，他们手捧瓶罐，似乎正在与夜叉们争吵。其中一个妖怪正在用手里的珊瑚枝攻击夜叉。这些妖怪可能代表的是龙王。据说，多闻天王从龙王手里赢得了财富。前景中的火焰宝珠和铜钱也具有相同的象征意义。

天王后方站着两个身穿中式服装的人。男子戴着一顶主教冠（mitre）模样的帽子，他的手里还握着一块笏板。女子相貌姣好，双手合十，梳着繁复的 10 世纪发式。我们无法确定他们是否就是此画的供养人。整队人马都位于一朵祥云之上，他们正在渡海而行。祥云的源头是多闻天王的天宫。这座中式楼阁位于画面的左上角。画面的海面位于背景中的须弥山和前景中的悬崖之间。海面上除了鲜红色的莲花之外，还有童子、鸭子、长着鲨鱼嘴的怪兽头和仙女。悬崖上则有一只雄鹿。空中飘着众多花朵。

全画的描绘潇洒有力，与这一主题十分匹配。画家基本只在褐绿色的背景中使用了黄色、鲜红色和白色这三种颜色。这有助于观者把握画面上人物的动态。

图版27
广目天王和文殊菩萨

图版右侧以 3∶5 的比例翻印了一幅绢画（Ch.0040）。此画是西方广目天王幡画的典型代表。在天王像中，广目天王的出现频率仅次于多闻天王。由于其手中慧剑的缘故，广目天王的形象十分容易辨认。与其他天王一样，广目天王脚下也有一个蹲伏着的小鬼。这代表的是天王麾下的夜叉。他的头顶有一卷云，这表明整幅画都是一个幻象。幡的两端均已破损，其装饰也已经佚失，不过除此之外，全画基本完好无损。

　　画中的天王形象威武。根据其外形特征，我们可以将其归入中国风格之下，与接近中亚原型的其他天王像具有一定的区别。图版47中既有中国风格的天王，也有中亚风格的天王，不过这些天王的形象和铠甲在整体上趋于一致。包括这一例子在内的众多证据表明，天王像虽然源于西方，不过早已经历了中国艺术的改造。这种改造完成的时间，远早于这些幡画的绘制时间。[56]

　　这幅画以四分之三面像的形式表现了中国风格天王像的一些特点。这些特点包括天王肚子微凸的弯曲身姿，衣着上流畅的线条以及铠甲中的一些细节。天王的面容很平和，这与中国风格天王中常见的狰狞面目不大一样，不过其微斜的眼睛还是表现出了典型的中国特征。

　　天王的盔甲和衣服通常装饰繁复，其中的装饰细节具有多种变化，对于古物学家来说，这显然具有巨大的研究价值，我们已经在别的地方全面地探讨过这个问题。[57]图版中的这幅画同样表现了这一点。广目天王头戴鱼鳞甲头盔。他耳边的皮带和上翻的皮质宽檐起到了固定作用。头盔是由硬质漆皮制成的，这种漆皮很有可能就是当时用于鱼鳞甲的材料。我在塔克拉玛干沙漠和罗布泊的遗址中发现过不少这样的鱼鳞甲。[58]天王头顶有一个莲花状的突起物，其前方有一根弯曲的黄金柄，上面插着一根羽

〔56〕关于这两类天王像的详细介绍，参见 Serindia, pp. 872 sqq。

〔57〕参见 Serindia, pp. 873 sq.,939 sqq., &c。关于此类天王像的服饰和盔甲问题的研究，参见 Dr. B. Laufer, Chinese Clay Figures, Pt. I: Prolegomena on the History of Defensive Armour（Chicago, 1914）。

〔58〕参见 Ancient Khotan, i. pp. xvi, 374, 411; Serindia, pp. 246, 463 sqq。

毛。头盔下面是一块一直延伸到肩膀的鱼鳞甲护喉。

天王身上穿着一件锁子甲。锁子甲由带圆角的甲片相互覆盖而成，它的侧面还盖着长方形的甲片。天王身前系着一件由肩带支撑的坚硬甲胄。他的胸口还有两面带纹饰的护心镜。下方是一条带装饰的皮带。下方由黑色皮革制成的皮带中央有一个精美的饕餮纹面具。锁子甲的下摆是一圈短短的褶子边，它们在画中是绿色的。肘部上方有一圈飞边似的装饰物，它们是由花瓣形的甲片构成的。这些甲片中伸出了红色和深灰色的布料，它们构成了袖子。

锁子甲下方是一条带蓝边和白色衬里的红裙。天王的膝盖上没有布料。他的腿前垂着一块长裙。他的膝盖以下戴着同样由硬质皮革制成的护胫。一排金属扣环固定住了护胫。一块深紫色的圆形皮革挡住了腓部，它的中央挂着一个金色的饰球。护胫底部各有一个硬飞边状的皮质护踝。他的身上还有相似形状的护臂。他的脚上穿着一双凉鞋，凉鞋在脚趾处和脚跟处各有一根鞋带。他的肩膀上挂着一条绿色披帛，它在天王身前打了一个结，构成了天王丰富服装的最后一个细节。

天王脚下的裸体小鬼全身发蓝，长着一张狗脸。他趴在地下的双手是畸形的，他的头皮上没有头发，却有一团火焰。

左侧翻印的幡画（Ch.0036，7∶9 的比例）表现的是骑白狮的文殊菩萨。除了饰品略有缺失之外，此画保存完好。它的风格与前一幅天王像截然相反，它是中国佛教艺术传承印度传统的绝佳例证。

我们已经在前文的好几幅画里见过文殊菩萨。[59]这幅画中的文殊菩萨坐在一朵鲜红色的莲花之上。莲花下方有一个金色的基座。基座由他的坐骑白狮所承载。菩萨的样貌、姿态和服装都完全属于印度风格。他右腿横盘，左腿下垂于一朵蓝色小莲花之上，他身体微微地向左侧倾斜。偏向右肩的头部正好平衡了身体的倾斜姿态，且与施与愿印的右手相呼应。他的左手撑在莲座之上，手拈一株弯曲的长柄莲花茎。画家用淡粉黄色描绘出他婀娜的身形。他的淡蓝色头发横披在额头前，并以长鬒发的形式垂至肩头。他的圆脸上长着一对下视的长目。

他的衣着也属于印度风格，其中包括一块带蓝色花卉纹的深红色遮羞布和一条遮蔽腿部的紫色薄纱透明裙。他的右肩上也披着一块薄纱。一块带白色的绿色披帛绕颈而下，以"三股"的形式穿过前臂。这是典型的印度服饰特征。他身上繁复的首饰包括手钏、足钏、蛇形臂钏，耳环和带蓝绿色莲花花蕾的双股项链。他还戴着一顶纯金的嵌宝天冠。

菩萨身后有一个环状的背光和一个椭圆形的头光，它们均由多种颜色构成。再上方是一顶已经残损的华盖。华盖上的流苏正随着狮子的前进而摆动。

狮子头扭向右侧，大步向左前行，其嘴巴大张，似乎是在咆哮。画家用不同颜色的曲线描绘了它的鬃毛。它的胸口、下颌和腿背处有一片红点。除了巨大的流苏之外，它的胸饰和牵鞍兜带上还挂着与图版 26 中白马相似的饰品。侍从用一根红绳牵着狮

---

[59]同上，pp. 12, 14 sq., 29。

子。他的皮肤黝黑粗糙，还长着一头浓密的黑发，这表明他是黑人。他的衣着由一条披帛和一条腰布状的红蓝色裙子组成。后者在他的膝盖处翻折了起来。他还戴有简单的首饰。

尽管此画继承了印度佛教绘画的传统，但全画构图协调，表现生动，描绘细致入微。

图版28

天王半身像

本图版以5：8的比例翻印了一幅精美绢画的残片（Ch.liv.003）。这件残片以略大于真人比例的尺寸描绘了一位天王的半身像。我们可以从他手中的弓箭断定他是东方持国天王。画中的天王只剩下长满络腮胡的下巴到腰带的躯干。他以左侧四分之三的姿态面对我们站立，伸展在胸口的左手握着他的象征物——弓箭。

画家用黄褐色的颜料画出了天王的肌肤，用深红色的颜料精细地画出了微张的嘴唇。黑色的虬髯无疑会给他的神情添上几分庄严和肃穆。画家还用包括鲜红色、橙色、蓝色、淡紫色、绿色和黑色在内的众多鲜艳色彩画出了天王繁复的铠甲。他还用此类亮色画出了大量宝石和逼真的花卉纹饰，后者显然源自织物上的图案。这些装饰覆盖在甲胄、肩带、边带和宝石饰球的基座之上。

画家对铠甲的表现尤为独特。其肩部和裙子处的铠甲是由长方形的甲片重叠而成，这经常出现在敦煌绘画以及浮雕天王像之中。[60] 不过天王身上的铠甲却是由相互缀连的黑色圆环构成的，其下方还有白色的底子。画家想用这些元素来表现锁子甲。与其余部分一样，锁子甲的最上部是一块蓝色的硬质漆皮护颈，它的上面还镶有宝石。白色的饰带从耳后一直挂到他的胸口，这表明天王戴的不是头盔，而是天冠。

虽然此画只剩下中心的一小部分，不过剩余的画面足以显示出此画描绘精细到位，设色明丽华美。原画显然是一幅上乘之作。

图版29

两位护法和一位菩萨

本图版以 3∶5 的比例翻印了三幅幡画。两侧的幡画（左侧为 Ch.liv.002，右侧为 Ch.004）均为护法像。图中的护法皆为金刚手的忿怒相，他们至今仍然经常出现在远东佛教绘画和雕塑之中。护法的形象最早来自犍陀罗艺术中对雨神（金刚手）的表现。公元 6 世纪的龙门石窟浮雕中就已经有了护法。[61] 龙门石窟中护法的姿态与这两幅幡画很相似，他们的肌肉表现同样也很夸张。作为传统样式，这些特点以及怪异的样貌一直延续到敦煌绘画和雕塑之中。正如傅舍所论，这些护法“让我们一下子想到了体型健硕的日本魔鬼”。

与其他护法像一样，这两幅幡画之间差异很小，因此，我们

[60] 更详细的阐释可以参见 *Serindia*, p. 873; 另可参见 *Ancient Khotan*, i. pp. xvi, 252。

[61] 关于沙畹、傅舍、格伦威德尔（Grunwedel）的著作，参见 *Serindia*, p. 875, note 45。

可以用较短的篇幅将它们放在一起讨论。这两幅画保存完好，还保留了幡头和饰带。由于尺幅原因，图版中没有表现这两样东西。这两个样貌丑陋的护法全身肌肉紧绷，双眼恶狠狠地盯着下方，手中握着装饰繁复的金刚杵（其代表雷电）。他们双脚各踩着一朵莲花，身体重心微微偏向一侧，头部也扭向肩膀的方向。这两个护法手臂和手杖的姿势有所不同。左侧的护法抬着右臂，伸开的手掌高高地举在头顶，垂在身旁的左手则握着金刚杵。右侧的护法右手托着金刚杵的底部，伸着手指的左手则托着金刚杵的中段。

两个护法的样貌都很丑陋，他们瞪着铜铃似的眼睛，长着畸形的鼻子和硬挺的长胡须。画家用以突出他们关节和肌肉的画法虽然很传统，不过却充满了力量。画家用强有力的黑色线条画出了他们的肌肉，再用淡红色或淡粉色的笔墨加以塑造。护法身上首饰众多，然而他们的衣着却很简单，仅有一条鲜红色短裙和一条橄榄绿色披帛。前者带有蓝灰色的边缘，由一条白色的褡系于腰间；后者的背面是褐色和粉色的，它盖住了护法的前臂。

描绘衣着的线条连绵不断，其冠饰顶端的带状物迎风飘扬，他的头光上面还有一朵卷云。这些元素都进一步加强了护法的动态。粗重的线条以及浓烈的色彩起到了同样的作用。

虽然配饰佚失，但中间的幡画（Ch.001）仍然保存完好。这幅画是一幅精美的菩萨像。根据上文的说法，我们可以将其归入中国风格之下。

画中菩萨的身份尚待研究。他的姿态在这批绘画中是独一无二的。他站在一朵盛开的莲花之上，右手举至肩头，托着一个带绿斑和金属边的圆形玻璃碗。他侧头望着玻璃碗，左手则垂于身旁。他全身的重量都汇聚于右腿之上，其右臀到左肩的躯干略似于一个 S 形。这样的姿势能够让观者将注意力集中到那个玻璃碗上面。

他的样貌具有典型的中国风格。他长着细长的斜眼，厚实的脸颊和小巧的嘴巴。下垂的嘴角和紧缩的鼻翼让他的表情显得有些奇特。与其他幡画一样，画家通过绢底的本色和淡粉色的渲染来表现他的肌肤。

他身穿常见的菩萨服饰，不过其式样却异常繁复。菩萨从腰到脚穿了一条带蓝边的淡粉色长裙。一条白色的紧身裙和镶金边的皮带固定了其上缘。紧身裙由红色的花卉纹面料制成，其环状的末端一前一后地系在菩萨身上。菩萨的脚上面露出了一件暗红色的天衣。菩萨的上身只有一块粉紫色的布料、一条蓝色的薄披帛和众多首饰。薄如蝉翼的披帛从肩头、手臂一直垂到地上。

我们对菩萨身上的首饰并不感到陌生，因为我们早已在观音像等画作中见过类似的东西。他的头饰由一条白色窄头带组成。它的末端系有白色的布条。这条布条结成一个长环，一直垂到菩萨的膝盖处。菩萨的额头戴着一个金黄色的首饰。它的两端各有一朵倒生向菩萨黑发的莲花花蕾。它们一直垂到肘部，构成了菩萨上半身的黑色背景。圆形的头光由不同颜色的圆环构成，其与图版 41 中的菩萨头光很相似。装饰精美的华盖也是我们常见的式样。其下垂的流苏与菩萨静止的姿态相匹配。虽然这位菩萨是静态的，但画家高超的画技使其栩栩如生。

图版30

一幅净土图的边缘场景

本图版翻印了一幅大型绢画残片（Ch.00216）的边缘场景。此画是一幅净土图，表现的可能是阿弥陀佛净土。我们以较大的比例尺寸（4：7）翻印了这幅色彩如新的画作，这让我们得以仔细审视其中有趣的细节。

以图版左侧的边缘场景为例，我们可以注意到一条精美的花卉纹边饰将最上方的边缘场景与主画面分隔了开来。画家用鲜艳的色彩在其朱红色的底子上描绘出缠枝花卉纹。它们的自然主义风格让人想到我从千佛洞中发掘出的众多刺绣。[62] 绘于深褐色底子上的橙红色粗壮卷草纹构成了画面的外缘。这种纹饰与汉代织物上的卷云纹十分相似。我曾在罗布泊的古代遗址中发掘出此类织物。[63]

画面左侧的边缘场景是一组系列画中的两幅，它们描绘的是关于频婆娑罗王（Bimbisara）的恶子阿阇世王（Ajatasatr）的佛教传说。大部分场景中有中文题记；不过最上方场景中的题记已经佚失，因此我们无法完全肯定这一场景所表达的内容。其表现的似乎是阿阇世王拔剑刺伤频婆娑罗王的场面（后者也正在拔剑）。他们两人都身穿飘逸的长袍，这种服饰与其他敦煌绘画中的文臣服饰很类似。这一场景发生于王宫的台阶之下。

根据部分可见的题记，下面的场景表现的是阿阇世王忏悔罪

---

[62] 参见 *Serindia*, pp. 904 sqq, Plates CVI-CVIII, CX, CXI。

[63] 参见 F. H. Andrews, *Ancient Chinese Figured Silks excavated by Sir Aurel Stein*（B. Quaritch, London, 1920）, pp. 4 sqq., Figs. 1-3。

业，皈依佛陀的场景。在剩余的画面中有一座插着彩旗的彩绘楼阁，它的前面有三个身穿平束带外套的男子，他们正在向左侧前进。这座楼阁和它后方的建筑展现了鲜明的中式风格，它们都有瓦片顶、鸱吻和弧状的出挑。与其他净土图一样，画面的右侧也有一佛一菩萨。[64]

下方的场景位于原画下部，属于一组不同的画作。左下角表现的是十恶之人临终的场面。他躺于回廊之下的床榻之上。他的妻子凝视着他。两个长着浓密头发的小鬼正在用鲜红色的绳索拉扯他。画面下方有一朵云彩，代表的是恶人的幻象。他看到手持三叉戟的牛头正在用油锅煎自己。

相邻画面表现的是十恶之人染疾的场景。恶人坐在回廊之下的床榻之上，一个妇女搀扶着他。前景中，一个年轻女子正在弹奏琵琶，一个男子则手持红色叶形物体，俯身向前方一块放着祭品的毯子走去。这些祭品是装有红色物体（香？）的黑色小碟子，其中的一些冒出了白色的烟雾。

第三个场景并不完整。由于没有题记，因此我们无法辨别出它的内容。画面中，一个身穿紫色外套，头戴有尾帽的男子正在朝画面的后方跑去。那里有一个回廊和一个由灰砖砌成的神龛。他的手里还挥舞着一根棍子。前景中也有一个身穿相似服装的男子。这表现的可能是同一个人。他光着膀子，正在猛烈地捶打另一个人。被捶打的人是一位身穿紫色外套，留着蓝色短头发的比丘，他双手抱头，跪在地上。

---

[64] 同上，图版1、2。

图版右侧上方的主画面残片表现的是一群乐师。他们坐在盖有地毯的小平台上，演奏着乐曲。与大部分大型净土图一样，他们的面前原有一位舞伎（现已佚失）。我们还可以依稀辨认出他们演奏的乐器包括琵琶、七弦琴、箜篌和两种不同的箫。值得一提的是，画面中央带有中式花卉纹的地毯具有徽章式的镶边，这是典型的萨珊风格。[65] 左侧的菩萨是前文提到的一佛一菩萨之一。

下方的残片来自原画的左上角。深蓝色的天空中，闪烁着金色的星辰。画中的天宫有靛青色的陡峭屋顶，它的上面有一个莲花台，台子上有一颗火焰宝珠。天宫中央的楼阁上飘扬着几条饰带。空中还飘着几面小鼓，这代表的是仙乐。画面中央端坐着普贤菩萨。他的身下是其坐骑白象，其身旁还有两位胁侍菩萨。画家用深棕色的颜料画出了这几面小鼓，鼓上还缠着红色的丝带。有趣的是，这些鼓的形状各不相同。无论圆柱形还是细腰形的小鼓外侧都系着绳子，这是为了在击打时能发出不同的声音。其中一面鼓还有突出的部分，这使它看起来像十字锤。

图版31

吐蕃风格绿度母像

本图版所翻印的画作（Ch.lii.001，3∶4）是藏经洞中唯一的吐蕃绘画。此画的独特价值还在于其可能是"现存最古老的吐蕃绘画，或起码是最为古老的吐蕃绘画之一"。宾雍在导论中提到

---

〔65〕我们在千佛洞发现的一些印花绢上有完全一样的中国、萨珊融合风格织物母题；参见 *Serindia*, p. 911, Plates CXIII, CXIV。

过，8 世纪中期到 9 世纪中期的敦煌处于吐蕃的统治之下[66]，这解释了这幅吐蕃绘画的来源。宾雍还详细地论证虽然吐蕃佛教艺术独具特色，不过却与中原艺术紧密相关。因此，我的论述将局限于此画的技法特征和图像学特征。

这幅画品相完好，还保留着深绿色的绢边。画家用蛋彩颜料在细密的亚麻布上画出了这幅画。画上的色彩在整体上有些黯淡，有些地方的颜料已经剥落，露出了白色的补丁或是底层的亚麻布。[67]

画作的主题是观音菩萨的女性化身绿度母。与通常一样，画中的绿度母是一位年轻貌美的女子。她坐于色彩斑斓的莲座之上，下方是一片蓝色的水面。她右膝屈起，左腿半趺，右手放在右膝之上，结与愿印，左手则置于胸口。她的两只手里都握着常见的蓝莲花。绿度母的头部微微偏向左侧，正好与右倾的身姿相对应。描绘她身体的线条连绵不断，反映了典型的吐蕃风格。她的皮肤上原有金彩，可惜如今这层金色已经几乎完全剥落了。

她身穿一条深红色的裙子，戴着一条饰有描金花卉的披帛。她的膝盖上有装饰繁复的护膝。其脖子和胸口处同样戴满了首饰。一条鲜红色的饰带扎住了她乌黑的头发，上面戴着一个五叶形的高耸天冠。原本深绿色的头光已经几乎完全变成了黑色。她的身后还有一个椭圆形的背光，背光上有一圈五彩缤纷的放射状边缘。

---

[66] 同上，第 9 页。

[67] 由于这些原因，在这幅画的翻印过程中遇到了许多技术上的困难。因此，图版中的一些细节并不像原画中那么清楚。

绿度母的头顶有一朵乌云。云中有一位正在打坐的佛，他的膝盖上还放着一个砵。佛的两侧各有一片深绿色的云朵。云朵上的祈祷毯上各坐着两个戴尖顶帽的喇嘛。这两个喇嘛身后都有黑色的背光。画面两侧排布着绿度母的八种法相。这些法相的肤色和衣着各不相同，她们的姿态与中央的绿度母一模一样；她们握着净瓶的右手都放在膝盖上，左手则举着一根长柄的蓝莲花。

在这些法相之间，有六个救难的场景，它们与图版1、2之类的净土图上的边缘场景很类似。大部分场景已经无法辨识了。不过我们可以看出，左侧中部的场景中，一人正在向悬崖下的水面跌落。右侧中部的场景中，一人平静地跪在莲花之上，一圈火焰围绕在他的身旁，另一人正站在悬崖上惊恐地看着他。左侧下方的场景中，不同的猛兽正在追逐三个男子，他们右侧的湖面上有一艘平底船。船上的男子正跪着祈祷。这些人物都穿着本生故事幡画中常见的中式世俗服饰。

这些人物的画法表明它们源自中原艺术，而前景中央的恶魔则反映了彻头彻尾的吐蕃趣味。这位肤色深蓝的恶魔斜跨在一匹黄色的骏马之上，右手挥舞着一根鲜红色的棍子；鞍布上挂着一个正在流血的人头。毫无疑问，在源自印度的密宗教条的影响之下，藏传佛教演化出一套独立的恶魔崇拜体系。

图版32

菩萨、比丘及尊者纸本绘画

本图版以3∶5的比例翻印了三幅画作。两侧的画作均有吐蕃文题记，这表明它们是吐蕃占领时期的作品。不过，这两幅画在风格上与其他敦煌绘画并没有什么明显的差异，它们都是依照印度宗教艺术范式而创作的作品。

左侧的纸本绘画（Ch.00377）是一幅菩萨像。画中的菩萨右手施说法印，结跏趺坐于黄色的莲花座之上。这是典型的印度风格。巴内特（Barnett）博士释读了画中的题记[68]，题记将这位菩萨称作"守护上方的尊者"。在印度宇宙观中，日月归属于"上方"，因此画上才会有右侧的日轮金乌和左侧的月轮蟾蜍（已残损）。

菩萨作威严怒目状，皮肤为淡粉色。画家用粉色、深红色和橄榄色的颜料渲染了他的外套，不过他身上的首饰则全无渲染。他结黑色高髻，肩头垂着几条辫子。椭圆形的背光和透光均有火焰纹。

右侧的纸本绘画（Ch.00376）与上一幅画属于同一系列，不过此画的描绘显得更精致。根据下方的吐蕃文题记，画中的人物是迦里迦尊者（Kalika）。他是佛陀座下排位第四的弟子。他已经落发，身穿带橄榄绿色条纹的橙色袈裟，结跏趺坐于一块垫子之上，右手还托着一个钵。尊者的面容描绘精细，极有特点。他的身旁立着挂有革袋的锡杖。

中间的画（Ch.00145）在构图和技巧方面均远胜前两幅。画面表现的是一位坐在垫子上打坐的比丘。这位比丘五官粗犷。画家用几条流畅的线条巧妙地表现出他专注的神情。他的眼睛、鼻子和嘴巴都不像中国人。不过，整幅作品的表现方式却带有中国

---

[68] 参见 *Serindia*, Appendix K, p. 1473。

艺术家的印记。

比丘身穿宽大的袈裟和一件僧袍。十字相交的布条表明这身衣服已经几经缀补。他的身前放着一双鞋子，左后方则放着一只高大的净瓶，右侧高大的灌木上挂着他的念珠和革袋。毫无疑问，树的画法也属于中国风格。这幅小画的构图表现了中国艺术杰出的空间处理手段。看惯了墨守成规的作品之后，这幅注入了数代艺术家创造力的画作让我们感到耳目一新。

图版33

隐士纸本绘画和龙马纸本绘画

本图版以3∶4的比例翻印了两幅纸本绘画。这两幅画不仅艺术性突出，而且画艺高超。右侧的那幅（Ch.00380）描绘的是一位年长的隐士（译者注：事实上，此画表现的是一位行脚僧）和一头猛虎。隐士布满皱纹的脸上长着杂乱的眉毛。他眼窝深陷，脸颊消瘦，右手握着一根粗糙的木杖，左手则握着一根拂尘。他脚穿凉鞋，身穿圆点长裤和两件短上衣。其中那件长的短上衣带有斑点和长袖，一直延伸到他的腰间。他裹着头巾的脑袋上戴着一顶蘑菇形的帽子。帽子上鲜红色的系带在他的下巴处打了一个结，从而起到了固定作用。他还背着一个竹笈，里面装满了已经打好包的经卷。我们在这幅画上看不清竹笈与他身体相连的方式；不过在另一幅主题相同的画作中，人物的右肩上有一根支撑竹笈的杆子。

隐士身旁有一头体型非常小的猛虎。隐士和猛虎都位于深红色的云团之上。画面左上方还有一朵云，云上坐着一尊佛。用以描绘云朵和人物的红色颜料侵蚀了所在的纸面。画中其他的色彩只有灰色和淡粉色，它们分布在衣着和装饰品之间。而人物的肤色是通过留白来表现的。画中人物的表现水平非常高超，这点在五官上表现得尤为明显。画家用几条潇洒飘逸的线条就表现出人物的特征。

左侧的绘画（Ch.00150）与隐士像有明显的区别。它是千佛洞中少数与佛教无关的画作之一。我们尚无法完全确定这幅画的主题。不过它可能与中华文明的始祖伏羲从"龙马"处授得河图的传说有关。[69]

在一只跪坐的怪兽面前站着一个长着虬髯的男子。他面带笑意，手握毛笔和笏板，正在奋笔疾书。发现这幅画的时候，它的上面压着两幅木版画。在用此画对这两幅木版画进行装裱的过程中，画中人物的背部遭到了破坏。他身穿一件白袖内袍和一件粉色披风，头戴带方形装饰的硬质黑冠。一条分岔状的火焰升腾于笏板之上。龙头和龙身上同样也冒着火。

龙是多种动物的组合。它的头像狮子，除了蓬松的鬃毛之外，上面还有三个峰峦似的尖形物体。它的身子像蛇，上面长着一对带弯曲羽毛的翅膀。它的前腿像公牛。前景中有一串铜钱，其象征意义仍是个谜。龙马的形象虽然有些古怪，不过全画描绘生动，带有明显的幽默气质。

---

[69] 参见 Mayers, *The Chinese Reader's Manual*, p. 48。

图版34、35

刺绣释迦牟尼灵鹫山说法图

本图版以 1：10 的比例翻印。拍摄难度导致以原尺寸展现这幅巨型刺绣（Ch.00260）困难重重，因此，图版无法全面展现这幅刺绣的伟大之处。这幅刺绣有三大特色：一是尺幅巨大，其中保存完好的主佛几乎与真人等大；二是工艺精湛；三是设色华美，它是这批敦煌遗物中用色最丰富的作品。它表现的是释迦牟尼灵鹫山说法图。位于王舍城的灵鹫山是佛教传说中的神山，画面中佛陀身后的岩石代表了这座山。

在阐述图版 13 和图版 14 中的生硬人物时，我提到过此类佛像都源自同一个特定原型。[70] 这种表现方式最初在印度雕塑中成型。[71] 尽管此画的图像学特征源自悠久的宗教艺术传统，不过这一传统与此画中的场景显得有些格格不入。工匠通过自己的技艺和趣味，复刻了出自大师之手的原型。通过这幅作品，我们可以轻而易举地认识到原型的长处。

这幅刺绣的表现方式非常精细，上面的丝线仍带有光泽。[72] 其绣地为淡褐色绢背衬以本色麻布。人物之间的部分已经缺失。佛陀两侧的佛弟子刚好位于折痕附近。由于长期折叠保存的缘故，这两位弟子只剩下了头部。除此之外，全画保存相对完整，其整体效果和主要特征都没有受到影响。

释迦牟尼面对观者，立于莲座之上，其右臂生硬地垂在身

〔70〕同上，第25、27页。

〔71〕关于其图像学证据的具体细节，参见 *Serindia*, pp. 878 sqq。

〔72〕温特小姐在为大英博物馆用帆布重裱此画时，用了整整三个月的时间，刺绣过程的难度可想而知。

旁，右手笔直地伸向地面，左手则在胸前提起鲜红色的袈裟。他的贴身袈裟以尖角的形式垂在膝盖下方，露出了一件盖到脚踝处的淡绿色僧袍。其左臂外侧和体侧有波浪形的黄色袈裟衬里，这在犍陀罗雕塑中很常见。工匠用深黄色的丝线表现了袒露的肩膀和右臂。有趣的是，佛陀的脸庞和右前臂却是淡褐色的。这点在右臂上表现得尤为明显，因为工匠刻意采用了钩针法。不过，我们尚不清楚其中的图像学意义。[73]佛陀的眼睛又细又长，头顶长着靛青色的螺发。他的身后有五彩的头光。一个类似色彩的莲瓣形背光笼罩了他的全身。其后是代表灵鹫山的岩石。

佛陀两侧各站着一佛弟子和一菩萨。他们都立于莲座之上。这两位菩萨可能是观音菩萨和大势至菩萨，他们斜对着佛陀；左侧的菩萨双手合十，右侧的菩萨则双臂微微抬起，右手似乎在施与愿印。这两位菩萨的衣着和装饰都与前文提到过的印度风格菩萨相似。不过他们的身材显得更匀称。菩萨形象中的生硬感和朴素感表明他们与印度佛教艺术有紧密的联系。不过，我们能从菩萨的面容和衣物的饰边中看到中国风格的影响。

背景中的佛弟子残留的部分显示出他们已经剃度，身穿十字条纹的袈裟，身后带有头光。佛陀左侧的弟子皱着眉头，这表明他可能是迦叶（Kasyapa）；另一位弟子脸颊丰满，表情柔和，他可能是舍利弗。佛陀头顶有一顶形象生硬的小华盖，它的两侧各有一个身姿婀娜的飞天。云彩和披帛飘扬在她们张开的双臂之

---

[73] 这可能与释迦牟尼在灵鹫山修行的早期传说有关。据说，释尊在山洞中打坐时，从山洞中伸出右臂安慰受魔罗化身秃鹫骚扰的阿难陀；参见 Foucher, *L'art gréco-bouddhique du Gandhâra*, i. p. 497。

间。她们与图版 10、11 中的飞天非常相似。

佛陀脚下的两侧各跪着一只小狮子。与常见的形象一样，它们都抬着一只前爪。狮子下方有一块空白处，这原本是用来书写题记的。每位供养人的身旁也都有细长的空白，不过只有最前面的两个男子身旁有中文题记。如今，这些题记已经基本无法辨识了。

两侧的供养人以严格对称的方式排列。他们逼真的形象和装束具有特殊的研究价值。这点在图版 35 上表现得尤为明显，因为其以 2：5 的比例翻印了关于女性供养人的画面。她们排成三列，跪在垫子上。她们身穿非常质朴的服装，包括褐色、绿色和蓝色的高腰长裙，窄袖胸衣和围巾似的披帛。她们的身上没有任何首饰，发型也只是一个简单的高髻。最后面的女性供养人身边还跪着一个童子，她们身后站着一个身穿长袍的丫鬟。男性供养人一侧的最前方跪着一个身穿褐色袈裟的比丘。他身后的三个男子身穿带有腰带的淡蓝色长袍，头戴深褐色或蓝色的带尾帽。一个年轻的侍从手持权杖，站在他们身后。

只消看一眼供养人身上的服饰，我们就能发现他们与图版 10、11 阿弥陀佛净土中的供养人形象十分相似。[74] 这一系列证据表明，这三幅作品的创作年代要早于本书中最早的系年作品（公元 864 年）。[75] 我认为，这三幅作品的创作年代不会晚于公元 8 世纪。事实上，这个日期还可能更早。[76]

---

〔74〕同上，第 20 页起。

〔75〕参见 *Serindia*, p. 885。

〔76〕同上，第 21 页。

　　这幅作品在其他一些细节上也与图版 10、11 很类似。这进一步证实它们不仅是同一时代的作品，还可能受到了同一绘画流派的影响。这三幅画中都有相同的飞天，这种姿态的飞天形象从未出现在其他画作上。菩萨的装束也有共同的特点，那就是其长袍下方的锦缎样装饰。这三幅作品的另一个特点是灰绿色的莲座。无论其具体创作年代究竟是何时，这幅刺绣都是最古老的敦煌绘画之一。如图版 35 所示，这幅作品技艺精湛，这使得其绚丽的颜色能够保存至今。

图版36
药师净土图

　　本图版以 1：6 的比例翻印了一幅净土图绢画（Ch.liii.002）。画面右侧的边缘与图版 1、2 十分类似，彼得鲁奇因此认为此画表现的也是药师净土。由于图版尺寸的局限，我们无法仔细研究画中的细节。不过，我们可以通过这幅图版了解到此画的风格和构图，它与前文所讨论过的药师净土图有着紧密的联系。出于这些原因，我对此画的阐述较为简略。

　　除了顶部、底部和左侧的缺失之外，此画品相完美，设色如新。画中大面积使用的黑色和蓝色使得全画的色彩效果非常突出。画作的描绘水平同样很高。

　　画面中央，我们能够看到一个在姿态和服装上与图版 2 完全一样的主佛，他的肤色同样也是黄中带粉。他的两侧各有一个坐于莲座之上的胁侍菩萨，菩萨靠近主佛的手握着紫色（鲜红色）的莲花花蕾，另一只手则施说法印。主佛身后有四个带头光的佛弟子，他们都留着黑色的平头。主宝台上的其他随从由十二个坐姿供养菩萨和两个蓝发仙女组成，前者不是手握莲花花蕾，就是手结法印，后者则捧着供品，优雅地跪在祭坛旁边。

祭坛前方是一个突出的宝台，一个衣着华美的舞伎正在宝台上面翩然起舞。舞伎身边围坐着六个乐师，他们皆为男相，留着与菩萨相似的长发。宝台下方的两侧还有两尊小佛的残余部分。他们可能以与主佛相同的姿势坐于莲座之上，身边原本也有胁侍菩萨和繁复的华盖。宝台延伸出来的过道上站着一只孔雀。孔雀下方残留有六个神将的头。画中原本应该有十二个神将。

莲池仅出现于画面的最上方。莲池中的柱子支撑着上方的天宫。天宫包括高檐主殿和两间带有塔顶的六角形开放式楼阁。楼阁中各坐着一尊小佛。它们通过蜿蜒的过道与主殿和莲池相连。

右侧的边缘场景同样以纯粹的中国风格绘制。其与图版 1 中的场景完全对应，我已经在前文中详细阐释过这些场景。[77]

图版37

佛传故事场景幡画

在阐释图版 12 时，我已经简略地讨论过一系列绢质幡画的特点。这些幡画均以佛传故事及本生故事为主题。[78]因此，在讨论本图版所翻印的幡画时，我将主要阐释其所要表达的故事及其中的组成元素。

图版两侧以 3∶8 的比例翻印了两幅幡画（Ch.lv.009-10）。

---

〔77〕同上，第 13 页。
〔78〕同上，第 23 页。

这两幅作品的外部特征完全相同，它们无疑出自同一人的笔下。[79] 除了顶部、底部略有破损和配件缺失之外，这两幅作品品相完好。值得一提的是，画作的描绘不仅十分精美，而且力透绢背，此外，画作的设色也非常明艳。背景中的山水体现了平远感和深远感，展示出画家的杰出才华。从人物、建筑到空间处理方式，这两幅幡画都完全属于中国风格。

左侧幡画（Ch.lv.009）最上方的场景表现的是燃灯佛为释迦牟尼前生授记的故事。在山间的开阔平原中，燃灯佛在两位菩萨的陪伴下向右前行。他正在用左手抚摸释迦前生童子的头顶。后者双手合十，弯腰下拜。童子光着头，身穿一件鹿皮短褂。燃灯佛右手举起，施无畏印。

下一个场景将乔达摩太子"四门游观"故事中的前三个场景浓缩成了一个画面，这与全画的时间顺序有点不协调。画中以现实主义的手法描写了由侍从看护的病人，由童子搀扶的老人和腐烂的尸体。我们已经在图版12中见过前两个场景。尸体处升起了一片云彩，云彩中有一个跪姿人物，他身穿带腰带的中式外套和带璞头的中式帽子。此人前进的方向上有一座宫殿似的建筑，这代表的是极乐净土。

画面中没有乔达摩太子的形象似乎显得有些古怪。不过，忽略苦修者的形象却并不让人感到意外。在"四门游观"中，苦修者代表了解脱的方式。对于中国人来说，极乐净土的形象完全能够取代它。那些大型净土图表明，对虔诚的中国信徒来说，往生

---

[79] 关于佛传故事幡画为何成组出现的原因，参见 *Serindia*, p. 852。

净土的愿望已经取代了涅槃的愿望。

　　下一个场景表现的是"白象入梦"的故事。王后摩诃摩耶（Maya）卧于寝宫之中，绿色的卷帘卷起了一半。童子形象的菩萨紧握双手，跪坐于白象之上，朝着摩诃摩耶疾驰。他的身边还跪着两个随从。一个圆形的空间围住了这些人，他们的身下有一片云彩。显然，这是一个梦境。[80]

　　最下方的场景与其他场景有所不同，表现的画面从未出现在希腊化佛教本生故事雕塑中。这一场景表现的似乎是摩诃摩耶在醒来后回到娘家的故事。[81]一顶金冠表明了摩诃摩耶的身份。在一位侍女的陪伴下，她正在朝王宫外面走去。她们都穿着宽大的长袖外套，外套还遮住了她们的双手。

　　右侧的幡画（Ch.lv.0010）按时间顺序继续表现佛陀降生的场景。最上方的场景中，摩诃摩耶以相同的姿势躺在"白象入梦"时的宫殿之中。不过，她的左侧有一朵祥云，云上跪着三个双手合十的人。我们尚不清楚这一图像的意义。接下来的场景尽管从未在犍陀罗浮雕中出现过，不过其内容却很明确。它表现的是摩诃摩耶走向蓝毗尼园的场景。她坐在一顶颜色鲜艳的轿子之上，四个轿夫抬着她飞速地前行。画面上还有两个拿着轿子支架的人。

　　再下方的场景表现的是"树下诞生"。这一场景是古往今来所有佛教艺术的经典主题。佛陀从摩诃摩耶的右胁中降生，后者

---

〔80〕这与最早的佛教传说完全一致，其中的"白象入梦"并非真实的事件，而是一个梦境；参见 Foucher, *L'art gréco-bouddhique du Gandhāra*, i. p. 292。

〔81〕关于这一阐释的文献证据，参见 *Serindia*, p. xxiii, *add*, to p. 855, note 50a。

的右手正抓着一根树枝。这样的表现方式源自印度传统。不过，利用宽大的袖子来遮挡降生画面的处理方式来自中国艺术。佛陀的下方跪着一个侍女，她正准备接住跳下来的佛陀。她的手中还有一只白象。

"步步生莲"为这一系列表现佛陀降生的画作画上了句号。佛陀的右侧站着摩诃摩耶。她回过头望着佛陀，双手藏于宽大的衣袖之中。佛陀的左侧则站着两个侍女，她们低着头，双手做崇拜状。残余的山水表明，这一场景同样发生于蓝毗尼之中。画中的题记佐证了我们的解读。

"步步生莲"同样出现在中间幡画（Ch.0014，以 1：3 的比例翻印）的最下方。比起两侧的幡画，这幅画的描绘方式更加精细，不过它却缺乏生命力和空间感。画中一个婴儿伸着左臂，蹒跚而行，神情坚定。四个仕女弯着腰，面露惊异地做崇拜状。画面左侧还有一个仕女和一个男子。后者身穿带腰带的黄色长袍，戴着一个带璞头的帽子。我们尚不清楚他们的身份。

上方的场景是"九龙灌顶"。两棵芭蕉树之间放着一个台座，上面摆着一个金盆。佛陀立于其中。一片黑色的卷云盖住了芭蕉树的顶端，其中出现了九个呈弧形的龙头。它们张着嘴，朝下望着佛陀。佛教传说中的娜迦（即中国的龙）正在为佛陀沐浴。画中没有表现龙头处本应出现的水柱。佛陀身旁站着五个仕女，其中一人还握着一块毛巾。

最上方的场景表现的是佛教七宝。按照古印度的观念，在转轮圣王（Cakravartin）降生之时，七宝就会随之出现，因此我们认为，在极早的历史时期，佛陀就与七宝联系在了一起。画中的七宝分成了两组：上面有象征统治的轮宝，象征财富的珠宝，将军宝和玉女宝。下面有主藏宝、象宝和马宝。七宝均位于白色的卷云之上。卷云上还有红色、蓝色和绿色的条纹。轮宝、马宝和象宝上有火焰宝珠。

将军宝形似天王，身穿鱼鳞甲，右手握长条形的盾牌，左手持三角旗。玉女宝为耶输陀罗（Yasodhara），她身穿长裙和博袖长袍。与本生故事中的王族妇女一样，一条金头带系住了她的头发，其王冠之上还结着两个高髻。主藏宝的装束与玉女宝相似，他的背后垂着一根打了结的陶红色带子。马宝长着红色的鬃毛和尾巴。这显然是佛陀的爱马康特迦。它也经常出现在本生故事幡画之中。

图版38
炽盛光佛像及引路菩萨像

本图版以 1∶4 的比例翻印了两幅绢画。这两幅原画原本都是立轴，它们的主题及表现方式都具有特殊的研究价值。根据其左上角的中文题记，上方的画作（Ch.liv.007）绘制于公元 897 年。不过按照宾雍的判断，此画的风格要明显早于这一时期。[82] 此画表现的是炽盛光佛。画中的炽盛光佛乘在一辆由两头阉牛牵引的车上，身边围绕着题记中所提到的五星。敦煌壁画中也有同样主题的精美画作。[83]

炽盛光佛坐于蓝色的莲座之上，下方是一辆敞开式的双轮

---

〔82〕同上，第 8 页。

〔83〕参见 *Serindia*, pp. 933 sq., Figs. 215, 226。

车。车轴的前方有一个盖有帷幔的祭坛，上面放着鎏金祭器。车后倾斜的旗杆上飘着两面装饰繁复的旗帜。炽盛光佛是全画中唯一带有印度风格的人物，他举着右手，正在施无畏印。佛的头发为蓝色，其面庞原本有金彩。他周身散射出五彩缤纷的光线，这发挥了头光的作用。他的头顶有一顶华盖，其摇曳的外形象征着炽盛光佛前进速度之快。牛车旁边站着一个黑皮肤的侍从，他让我们想到了牵引文殊、普贤坐骑的印度人。不过，他手中握的不是尖棒，而是一根锡杖。原图中我们能够清楚地看到他的左手正在演奏叉铃。

　　炽盛光佛上方站立着五星中的两星。他们身穿由曳地内袍和博袖外套组成的中式官服。左侧的神祇手捧花卉碟，他的黑色头冠上有一个白色的野猪头。右侧的神祇手持纸笔，其繁杂的环状冠饰之间有一只猴子。另一身穿白衣的神祇正在用拨片弹奏巨大的琵琶。[84] 他的头上有一只凤凰。第四位神祇为外道形象，他样貌古怪，长着四只手和冲天发。他的右手握着剑和矢，左手则握着弓和三叉戟，戴着牛马冠。

　　画中人物的形象有些生硬，这与人物脚下流畅的祥云形成鲜明的对比。这朵祥云代表这是一个幻境。全画设色浓烈自然，描绘十分精细。

　　下方的画作（Ch.lvii.002）保存完好，还留有原始的褐色绢质裱边。此画风格独特，具有鲜明的中国特色。画中的神祇是引路菩萨。菩萨的形象庄严柔美，其身后还跟着一个体型较小的中

---

〔84〕关于琵琶的详细描述，参见 Miss K. Schlesinger's note in Appendix H, *Serindia*, p. 1468。

国贵妇亡灵。

　　菩萨回首从左侧望着身后的贵妇。如前文所述，他的装束和外貌都是中式菩萨的典型代表。他右手执香炉，左手持莲茎。莲茎上挂着带三角形幡头和饰带的白色引魂幡。引魂幡的样子与千佛洞中的绢质幡一模一样。菩萨身上穿着质地柔软、颜色和谐的服饰，其边缘还有精致的蔷薇花饰。我们认为这可能源自当时织物上的图案。

　　画中的贵妇低着头，双手拢于胸口的袖中，表现出对引路菩萨的信任。她身穿颜色艳丽的长袍，且没有佩戴任何精致的金属首饰，这与 10 世纪敦煌绘画中常见的供养人形象大相径庭。他们脚下的紫云载着他们朝画面上方飞去。那里也有一片云彩，上面立着一栋中式楼阁。这代表的是菩萨引导信徒所要前往的净土。

　　贵妇的装束和发式似乎属于唐代以后的时期，因此，此画可能是这批画作中年代最晚的作品。不过，对于欣赏这幅画作来说，这一年代上的缺点无足轻重。此画构图精巧，技法娴熟，是中国绘画艺术的巅峰之作。宾雍将此画与图版 42 进行了比较，他意味深长地评论道：“此画拥有一种柔软的感觉。画中的花朵似乎真的悬浮在空中。画中人物脚下的云朵如波浪般流转。我们能够从中感受到中国艺术的伟大，这种伟大体现在舒朗的布局和流畅的线条之中，全画显得气韵生动。”[85]

---

〔85〕参见 *Serindia*, Appendix E, p. 1429。

图版39

地藏十王图

本图版以 1∶2 的比例翻印了一幅小画（Ch.lxi.009），这幅杰作在构图和表现方面十分传统，而且用色十分有特点。其表现的是作为旅人保护神、六道之主和地狱主宰的地藏菩萨。在阐释图版 25 时，我们已经提到过为何地藏菩萨能够成为远东佛教中最受欢迎的神祇之一。[86] 因此，我们对这幅画的阐释将局限于其表现特色。

画作绘制于靛青色的绢面之上，虽然破损严重（尤其是边缘部分），不过其仍然保留了鲜艳浓丽的色彩。地藏菩萨以生硬的姿势半跏趺坐于红色莲座之上。其左脚之下还有一朵小莲花。他的右手握着锡杖，左手则掌心朝上。地藏菩萨身穿带朱红色边饰的黄色内袍和带褐色边缘的颜料脆裂的袈裟。他的肩膀和头上还戴着褐色的兜帽。兜帽和袈裟边缘上点缀着金色的菱形图案。他的脸部和胸口傅有金彩，不过其裸露的四肢涂的是淡红色颜料。

巨大的圆形头光两侧各散发出三条由蓝色、朱红色和白色组成的波浪形射线，但其上方没有如图版 25 那样代表六道的人物。地藏菩萨两侧还有两个穿宽大长袍的合掌人物。左侧那人留有双髻，因此，这是一个男人，右侧那个留着垂髻的则是女人。我们还无法确定他们是否为供养人夫妇。

菩萨下方的两侧各斜跪着五个阎王。他们身穿官服，头戴各不相同的冠冕，手里都握着狭窄的纸卷。他们的脸部均为四分之

---

〔86〕同上，第 37 页起。

三侧面像，且每个阎王的面容均有细微的差别。阎王右侧站着两个男子，他们身穿带腰带的长袍，头戴宽檐帽子，手里握着一块笏板和一大卷纸。左侧相对应的位置上站着一个手持毛笔的男子。

前景中卧着一头高度形象化的谛听。谛听前方站着一个合掌的男子，他可能是一位亡灵。另一侧站着一个样貌丑陋的男子，他双手合十，朝地藏菩萨做祈求状。此画的传统风格及浓烈色彩在这批画作中是独一无二的。不过，正如宾雍所言，目前，我们还搞不清楚"画中的原始性特征究竟是来自其年代，还是来自地域风格中所延续的古老传统"[87]。

图版40

地藏菩萨像

与前一幅图版一样，此图版以1:2的比例翻印了一幅地藏菩萨像。不过其风格、构图、设色和描绘方式都与前一幅地藏像截然不同。简洁的构图、精细的线条和和谐的色彩组合在一起，使得全画充满了宁静祥和的气氛，赋予这幅画独特的魅力。此画绘制于淡绿色的绢面之上，除了底部略有破损之外，全画保存完好，还留有蓝绿色的绢质裱边。

画中的地藏菩萨结跏趺坐于盛开的莲座之上。莲座长有形状秀美的红色尖头花瓣。菩萨年轻的圆脸神色安详。他细长的眼睛微微下睨。其右手握着锡杖，置于膝上的左手则握着火焰宝

---

[87] 同上，第8页。

珠。他身穿带粉色条纹的黄色僧袍和带黑条纹的淡绿色袈裟。他的头上和肩膀披着一顶印度红的兜帽，帽子上还依稀可见黄色的斑纹。

圆形的背光和头光上饰有精致的射线状花卉纹图案，这些红绿色的图案外缘还有火焰纹。菩萨身外围绕着一圈宽阔的白色带饰，这将他与绿色的背景区别开来。画面的角落上飘浮着花叶形装饰。

画面的左下角残留有一位跪姿供养人的上半部分。从其样貌和发式来看，这是一位童子。他双掌合十，握着一朵莲花。他身穿一件博袖的红色长袍，长袍上还饰有黄色和黑色的圆形花卉纹。他的两侧均有长茎的红色花卉。他的右侧留有一块长方形的空白。与大多数画作一样，上面也没有留下题记。

图版41

三幅菩萨像

这幅图版翻印了三幅画作，两侧画作的翻印比例为 1∶2，中间画作的翻印比例为 3∶8。它们均为敦煌绘画中数量众多的菩萨像幡画的典型代表。[88]

中间的幡画（Ch.i.0013）品相完好，还完整保存着幡头、饰带等附件。图版仅包含其设色如新的画心。画中左手持红莲、右手持净瓶的菩萨显然是观音菩萨。菩萨拖着长裙正在朝画面左侧走去。他微微低着头，凝视着手中的莲花。

---

〔88〕参见 *Serindia*, pp. 861 sqq.。

从服饰、样貌等方面来看，此画属于中国风格菩萨像，不过其前倾的背部塑造出菩萨婀娜的身姿。同样值得注意的特点还有：菩萨苗条的体态，半圆形的眼部轮廓线，粉色渲染而成的肌肤，微露皓齿的嘴唇。全画色彩艳丽，画家施用的颜料非常厚重，白色的紧身褡和饰带与深蓝色的披帛形成了鲜明的对比。

虽然附件佚失，但左侧的幡画（Ch.xxiv.006）仍然保存完好。菩萨双手合十，立于蓝绿色的莲花之上。画中没有能够表明菩萨身份的物品。他的样貌、装束和首饰都属于中国风格；不过，裙子拢于身前并露出小腿的形象却并不常见。此画虽然没有什么新意，不过其设色丰富协调，描绘精细准确。

右侧的菩萨像（Ch.i.002）则不然。此画是最引人瞩目的敦煌幡画。画中的菩萨面相庄严，似乎正在向前疾行。用以描绘菩萨身体和衣着的线条潇洒流畅。菩萨的面容带有明显的胡人特征。面对这样一幅完美的杰作，我们不禁对至今尚不能知晓其身份而感到遗憾。

画中的菩萨以四分之三的背面对着我们，同时，他的脸庞微微扭向左侧。他的左手挽着飘逸的披帛，右手则举至肩头，握着一朵粉色的莲花花蕾。画家精妙地表现出了菩萨行走时的直立姿态以及承载着全身重量的右足。菩萨头顶华盖上的流苏和铃铛摇摆不定，这突出了菩萨前行速度之快。菩萨位于两朵莲花之上的双脚也表明了这一点。画家用白描手法绘就了黑色的椭圆形头光。我们可以透过头光，看到菩萨的发式。

披帛的垂结和衣物在脖子处打的结遮挡住了菩萨上半身的服饰。不过我们可以看到，画家以高超的技巧画出了带波浪形衣褶的鲜红色长裙。菩萨还戴着一顶带金色装饰的贴身红帽。帽子后面有一个巨大的金环，里面系着一缕头发。

　　菩萨的样貌尤为独特。他高鼻深目，额头下斜，神色忧郁。他的头部描绘方式与经典的犍陀罗艺术大相径庭。半闭的眼睛、直线型的眼皮和微噘的嘴唇使得他的神情中带着几分轻蔑。由于全画其他细节均以中国风格绘就，因此，这种古怪的胡人面容就显得更加神秘了。

图版42
千手千眼观音像

　　本图版以 1：6 的小比例翻印了一幅大型绢画（Ch.xxvi-ii.006）。这幅画体现了敦煌作为艺术熔炉的地位。画面的中心有一个巨大的圆盘，里面坐着千手千眼观音，他的身边还均匀地排列着一批随从。此画与前文详细讨论过的观音菩萨曼荼罗（图版17）十分相似。不过此画中的随从数量很少，此外，其构图中虽然有不少装饰，但总体上略欠精细。除了底部略有破损之外，此画保存完好，设色如新。画面边缘布满了花叶形装饰，这模仿的是刺绣效果。千佛洞中出土过类似的刺绣。[89]

　　观音拥有由"千手"构成的巨大圆形背光，每只手的掌心处都有一只睁开的眼睛。千手中间是众多手臂。除了中线处的四条手臂之外，每只手上都握着日轮金乌、月轮蟾蜍、金刚杵和三叉戟等常见的佛教象征物。由于画面描绘精细，因此我们能够辨识

---

〔89〕关于这些标本，参见 *Serindia*, pp. 904. sq.; Plates CVI-VIII, C。

出这些象征物以及菩萨身上的众多首饰。菩萨的高耸天冠前面有化佛阿弥陀佛。菩萨的暗黄色皮肤中带有粉色渲染的痕迹。

他的头光由相互重叠的鲜艳射线组成。与背光一样，头光的外缘也有火焰纹。莲座的众多花瓣同样颜色艳丽。莲瓣、首饰、祭坛上的祭器和菩萨长袍的褶皱均傅有金彩。

画面的背景分成上下两部分。上半部分施一层薄薄的淡蓝色颜料（如今已经基本剥落），用以代表天空。上面还点缀着落花和金色的星星。画面顶部两侧各有一个红色和白色的圆盘，里面坐着日光菩萨和月光菩萨，他们的身下是坐骑白马和白鹅。圆盘下方均有一朵祥云。

背景的下半部分施深蓝色颜料，用以代表瓦屋顶。左右方的莲座上各跪坐着带背光的"功德天"和"婆娑仙"。前者是一位枯瘦的老者，他身穿华贵的外套，举着右手致意。后者则与图版17一样手捧花盆。下方的水池中同样有两个身披铠甲的龙王，他们用手托着菩萨的圆盘。水池前方有一个祭坛。祭坛上盖着一块带精美花卉图案的帷幔，上面还摆着鎏金祭器。

画面下方各站着一个忿怒相的多臂金刚手。这两个一蓝一红的金刚手姿势夸张地站立于颜色鲜艳的火焰之中。这两个怒发冲冠，形象可怖，手握密宗法器的金刚手与密宗的怒相神祇关系密切，而后者正是藏传佛教中经常出现的形象。金刚手下方跪着两个合掌的小人，左侧那人长着象首，右侧那人长着鼠首。他们可能是印度神话中的象头神（Ganesa）和于阗神话中的鼠神。[90]

---

〔90〕参见 *Ancient Khotan*, i. pp. 120 sq., 264 sq.; ii. pl. LXIII; *Serindia*, iii, p. 1277。

如宾雍所言[91]，画中的人物及众多细节反映了来自印度、伊朗、中亚和吐蕃的影响。当然，这些影响在画中的表现程度各不相同。然而，就算画中没有中文题记（题记中包括对神祇的描述），我们同样也能认定这幅杰作出自中国艺术家之手。大量精美的细节以及具有强烈装饰性的高超绘画技巧清晰地表现出了这一点。

图版43
观音菩萨像

本图版以 1∶3 的比例翻印了一幅绢画。此画是印度风格中国佛画的典型代表。此画的顶部和底部均有破损。画中的观音菩萨以自在坐的姿势坐于莲座之上。其张开的右手放置于抬起的右膝之上，其残缺的左手本应放置于另一个膝盖之上。他左手握着的长茎紫色莲花一直伸到了头顶。

菩萨的形象完全符合印度艺术传统。质朴的形态和近乎白描的技法又凸显出潇洒飘逸的处理方式，这正是中国艺术家的手笔。菩萨昂着头，纤细的腰身微微向左倾斜，四肢又细又长。他长着一张清秀而年轻的脸。略向下斜视的眼睛和弯曲的嘴唇使得菩萨看起来沉静安详。他的天冠之上有一个高髻，天冠前方有化佛阿弥陀佛。菩萨的皮肤未经渲染。

菩萨身上的衣服只有一块深红色的遮羞布、一条半透明的裙子和一条交错在胸前的窄围巾。菩萨身上的首饰都很平常，它们

---

[91] 同上，页39。

通常出现在印度风格的菩萨像上。画家用淡蓝色和绿色画出了椭圆形的头光和圆形的背光。背景中有轻盈的花叶形装饰。这种图案在千佛洞的丝织品上很常见。

画面的左上角和右上角有两个穿着锁子甲，坐于岩石之上的天王。左边的是广目天王，右边的则是多闻天王。现已残破的下方原本应有另外两位天王的形象。

图版44
观音菩萨像残片

本图版表现的是一幅大型绢画残余的上半部分（Ch.00451，1：3）。画中仅有一个站立姿态的观音菩萨。虽然此画破损和残缺都很严重，但我们还是从中辨识出与图版21相同的垂饰。此画中的观音菩萨同样也属于传统的印度风格。中国艺术家通过流畅的线条和安详的姿态突显出菩萨的优雅。

菩萨的样貌及左肩前倾的姿态与图版21中的菩萨十分相似。不过，此画中头部偏向右肩的动作正好对应了身体的姿态。菩萨以慈祥的神情望着左下方。他的双眼几乎是一条直线，眼睑上方的弧线已经缺失。菩萨右手握着的净瓶也只剩下依稀的痕迹。

菩萨的服饰、首饰和设色与图版21中的菩萨很相似，不过用以表现皮肤的粉白色渲染在此画残留得更多。菩萨的头光由深橄榄色、红色和白色的圆环组成。画面右侧的中文题记仍有待解读。

图版45

行道天王图

本图版以 2：3 的比例翻印了一幅小型立轴绢画（Ch.0018）。这幅画是最为精美的敦煌绘画之一。此画表现的是北方多闻天王乘云横跨波涛汹涌的海面的场景。他的身边还跟随着一群由神魔组成的随从。这些随从都穿着华贵的服饰。全画保存情况良好，还保留着紫色的绢质裱边（图版中省略了这部分）。因此，我们能够仔细欣赏这幅大师之作的所有细节。

在讨论上一幅《行道天王图》（图版 26）时，我就已经提到过北方多闻天王在天王中的首要地位，我还阐述了多闻天王在中亚、远东地区深受崇拜的原因。因此，我对此画的叙述将集中于它的图像学特征。画中主神多闻天王的高大形象源自希腊化佛教艺术和晚期希腊化艺术。他右手持戟，左手腾起的祥云中载着一座宝塔，正在大跨步地向右前行。这两件东西都是多闻天王的标志。他面容粗犷，长着浓密的眉毛和铜铃似的斜眼。朝前突出的腹部，使得天王看起来庄严威武。

他的服饰与常见的天王像很接近，只是其式样显得更加繁复。他的锁子甲几乎拖到了膝盖处。其甲片相互交错的排布方式，与图版 26 中的天王像一模一样。带有漆皮边的甲胄同样由这种甲片组成。护臂和护胫则由横条固定的长方形甲片组成。整套盔甲都傅有金彩。一顶老鹰形状的面具在肚子处固定了可能由硬皮制成的腰垫。肩垫的末端是一个狮头，手臂正好从狮嘴中穿出。天王还穿着鎏金靴。

天王头顶戴着三叶形高冠，冠冕顶部有翅膀装的装饰物，侧面则飘扬着白色的饰带。这无疑会让人想到萨珊王国的贵族冠饰。[92]天王两肩升起的火焰可能也源自伊朗。[93]摇曳的火舌，飘动的饰带和披帛都突显了天王的移动速度。

天王及其随从的脚下有一朵赤紫色的卷云。天王右前方有一个身形婀娜的仙女，她弯着腰正在献花。我们尚不清楚她的身份；从形象和服饰来看，她很像《千手千眼观音图》中的功德天。[94]在其华贵的服饰中，最值得一提的是拖曳到地面的宽大衣袖，肩头的莨苕叶和手臂上的花环。

天王身后的随从包括几个恶魔和几个人形的神祇。前者代表的应该是天王麾下的夜叉。后者的形象各不相同，他们的身份仍有待研究。背景中的两个夜叉长着兽首、獠牙和直立的头发。其中一个夜叉扛着一面旗，旗帜上复杂的图案与图版 26 中的旗帜一模一样。他们身前还站着一个夜叉。他长着褐色的皮肤、多毛的手臂和兽首。他还戴着一顶鲜红色的兜帽，捧着一个带盖的大圆罐。前景中站着第四个夜叉。他长着狰狞的兽首和直立的长发，身穿鲜红色刺绣外套和天王铠甲，他的手里还提着一根棍棒。

人形随从中最突出的人物应该是一个刻画入微的老者。他披着一条白裙，胸口系着一条披肩。他结着高髻，须发皆白。画家用生动的笔触表现出了他深陷的眼窝和斜瞥的双眼。他的右手握着一个金杯（金刚杵？）。其身后有一个发福的男子，他神色平

---

〔92〕同上，第 39 页。

〔93〕参见 *Serindia*, p. 874。

〔94〕参见图版 27，图版 42。

静，头戴尖顶高冠。冠上的布料一直垂到他的颈部。他穿着一件带萨珊纹样的锦缎外套，外面还披着一件绿色长袍。他捧着一个金盏托，上面放着一颗火焰宝珠。

他的身后站着一位身形壮硕的长须弓箭手，他弯弓欲射画面右上方的蝙蝠状恶魔。后者应该是迦楼罗。捕猎迦楼罗是南疆地区壁画的常见母题，其形象也经常出现在希腊化佛教雕塑中。[95]弓箭手弯腰搭弓，凝视迦楼罗的姿态非常生动有力。他的头顶戴着一顶圆锥形的白色高冠。冠的顶部有金属饰球，其边缘还有宽大的上翻形帽檐。他袒露着右臂和胸脯，身穿一件蓝色短褂，一条白色裤子和一双黑色长筒靴。前方一个合掌的男子正好平衡了弓箭手的动态。前者身穿一件赤紫色的长袖外套和一件飘逸的白色内袍。他还戴着一顶形状古怪的金冠。

画中处处可见中国绘画艺术的优点，这在背景的空间处理中表现得最为明显。褐绿色的海水中翻滚着白色的波涛。远处是一片蓝绿色的群山，这代表的可能是须弥山。因为在佛教传说中，天王各自守护着须弥山的一角。

这幅精致的小画描绘精细，设色协调。不过，只有在背景中，我们才能最深入地体会中国艺术家运用流畅线条构建真实空间效果的能力。

---

〔95〕参见 Grunwedel, *Altbuddhistische Kultstätten*, pp. 282, 351, Fig. 583; Foucher, *L'art gréco-bouddhique du Gandhāra*, ii. pp. 32 sqq.

图版46
恶魔童子绘画残片

此图版以3∶4的比例翻印了一幅大型纸本绘画（Ch.00373）的残片。这件残片不仅绘画技法特殊，而且艺术性十分高超。全画绘制于细腻的磨光纸上，保留至今的仅有两件残片。画上精细的设色浓而不艳，可惜这张黑白图版无法表现出这一点。绘制的精细程度在千佛洞纸本绘画中是独一无二的。就画作的主题而言，目前可以肯定的是它可能是一张佛或菩萨的曼荼罗。

残片的左侧有几株长着大叶子、开着花的树。一个长着深蓝色躯干和四肢的恶魔抓着一个裸身的童子。童子笑嘻嘻地张开手臂，朝恶魔迎去。画家用粉白色的渲染和流畅的线条精妙地表现出童子胖嘟嘟的体态。童子长着黑色的头发，额头上有一个红色的三叶形记号。恶魔粉红色的脸庞上透着慈爱的神色，这与其丑陋的五官和直立的红绿色头发形成鲜明的对比。我们已经在药师净土图（图版1）中见到过类似的场景。这样的场景还出现于千佛洞一幅木刻《行道天王图》之中。[96]

画面右侧有一顶多层华盖。它的上面挂着流苏和饰带。这种华盖经常出现在大型净土图主佛的头顶（参见图版1）。残片中间的底部是菩萨背光、天冠和高髻的上半部分。天冠中部的装饰上方有一个白鹿的头。画家还用银色的颜料画出了它的角。

---

[96] 参见 *Serindia*, Plate C（Ch.00158）。

图版47

三幅天王像幡画

本图版以 1 : 3 的比例翻印了三幅幡画。它们表现的均为四大天王中第二受欢迎的西方广目天王。在阐释图版 27 时，我已经就天王像中常见的图像学特征做了说明，此外，我还提及了某些敦煌天王像幡画中特有的细节。[97] 因此，我对本图版的阐释将局限于一些值得注意的特点。

左侧的幡画（Ch.lv.0020）除了顶部略有破损之外保存完好，还保留了由紫色绢连缀的幡头（图版中没有包含这一部分）。此画是中国风格天王像的典型例子。广目天王的双脚分别踩在麾下蹲姿夜叉的头顶和背上，左手则握着一柄出鞘的宝剑。[98] 他的面容成熟威严，长着深黄色的瞳仁，瞪着一对斜视的眼睛。从肩头覆盖到腰间的锁子甲全由长方形的甲片构成。画家在浅褐色的绢底上用淡粉色渲染，表现出天王的肤色。可能为皮质的宽大肩带固定住了他的甲胄。腰带下方有硬皮护臀和短裙，这为天王提供了额外的保护。皮带的下缘挂着一排圆环，这可能是为了悬挂剑鞘等装备而设。他的裤子塞在护胫里面，脚上则穿着一双凉鞋。画面上布满了淡红色和淡褐色的色调，这削弱了整体的设色效果。

中间的幡画（Ch.lv.0046）顶部有破损，且配件已经遗失，不过其色彩仍然鲜艳如新。广目天王略向左侧着身，双脚踩在蹲姿夜叉的肩膀和膝盖上。他双手置于胸前，握着一柄带皮剑鞘的

---

〔97〕同上，第 40 页起。

〔98〕关于这一特殊姿势的解释，参见同上，第 24 页，笔记 25。

长剑。剑首放置于夜叉的头部。天王脸颊微鼓，下巴突出，面带笑意。他长着上斜的眼睛和淡淡的瞳仁，望着上方。

上衣由红色和黄色的圆形甲片相互重叠而成，一直延伸到腰带。裙子同样由长方形的甲片交错而成。三叶形的绿皮革为臀部和腹部提供了额外的防护。香肠状的衣领系于颈部，里面是一件褐色的披风。他还戴着漆皮护臂。不过他的腿上只穿着一条裤子。裤子在膝盖上打了一个结，然后一直垂至脚踝处。凉鞋的式样十分有趣，它们与我从汉代以后的遗址中发掘出的凉鞋一模一样。[99]天王繁复的宝石冠后面有一个红色的"鸡冠"。他的头顶还有一个带火焰纹的头光。

画中的中文题记为"西方毗楼勒叉天王"。此画描绘精细，设色虽比大部分幡画浓厚，但仍很协调。

右侧的幡画（Ch.0010）保存完整，品相一流。此画中的广目天王形象既有源自中亚的特征，也有中国天王像的特点。

天王面朝观者，双脚分别站立于一个身形扭曲的夜叉的头部和膝盖。他右脚的位置比左脚的位置要高。其身体的全部重量均由右腿承载。他的右手握着一柄出鞘的宝剑，左手则在胸前托住了宝剑。天王皱着眉头，神情凝重，龇牙咧嘴地瞪着前方，模样比常见的天王要显得更加凶恶。他长着绿色的瞳仁和铜铃似的眼睛。他的耳后有两条淡蓝色头发的辫子。画家用粉红色的颜料描绘了他的肌肤，不过几乎没有使用渲染。

相互重叠的圆形甲片组成了一件从肩头覆盖到胯部的锁子

---

[99] 参见 *Serindia*, ii. p. 874; Pls. XXXVII, LIV。

甲。不过，不同部分甲片的颜色各不相同。胸甲的上方和下方露出了一件蓝色的皮质坎肩，上面有繁复的金属装饰。他的前臂和膝盖上方覆盖着红色的布料。带有金属卷饰的护胫里塞着白色的裤子，护胫上还画着一只起装饰作用的眼睛。黑色的鞋子上也有类似的金属卷饰。这种黄褐色的金属饰品让人想到了铜制品。天王坚硬的金属高冠同样由这种材料制成。冠上还有翅膀形的装饰物。这两者组成了他的头饰。

尽管此画描绘细致、设色明艳，不过其对细节和装饰的过度强调造成了适得其反的效果。此外，此画不仅缺乏空间感，而且线条僵硬，显得十分笨拙，因此，我们认为它的原型应该是中国以外地区的绘画。

图版48

人物像残片

本图版以3∶4的比例翻印了一幅大型绢画（Ch.0098）的精美残片。此画表现的是一位形似恶魔、姿势夸张的人物。目前，我们还无法确定他的身份。此人左手握着一把三叉戟，这是天王的标志，然而，他既没有穿盔甲，头顶还飘着火焰。他凶恶的外貌和神态让我们想到了金刚手，可这把古怪的武器，直立的头发以及缺乏夸张的肌肉表现又与这一身份相冲突。因此，我们还是专注于这幅画的艺术价值，把他的身份问题留给后人来研究。

他的头部保存完好，丑陋的五官扭曲成了一团，深灰色的脸庞上长着红色的嘴唇和黑色的头发。他瞪着双眼，怒气冲冲地望着前方。他的眉毛又短又浓，额头上则布满了皱纹。他还咧着大嘴，露出了舌头和两排牙齿。他颧骨高耸，鼻梁挺拔，长着一把上翘的小胡子和硬直的络腮胡。这一切使得他的面容看起来愈加可怖。他额头的黑发上有一顶宝石冠，不过其头顶却是一团升腾的火焰。

此画的其余部分已经佚失。此人的躯体健壮有力，不过，除了项链等装饰品之外，他的上半身空无一物。他的腰带下面还系着一件裙子状的衣物。一条披帛绕过他的右上臂，穿至他的胸口。他弯着僵硬的右手手指，掌心朝上，握着披帛。他的左臂已经残缺，不过残存在上方的左手握着一把三叉戟。

画家用充满活力的笔触描绘了此人的形象。虽然此画只剩下残片，我们还是能够从中感受到这是一件中国艺术家创作的杰作。同时，我们还应该庆幸敦煌藏经洞为我们保存了如此多的艺术珍品。

索 引

图

版

图版 1　药师净土图

图版 2　药师净土图

图版 3　法会图

图版 4　普贤菩萨变及文殊菩萨变

图版 5　普贤菩萨变及文殊菩萨变

图版 6 净土图局部

图版 7　释迦牟尼净土图

图版 8　阿弥陀佛净土图

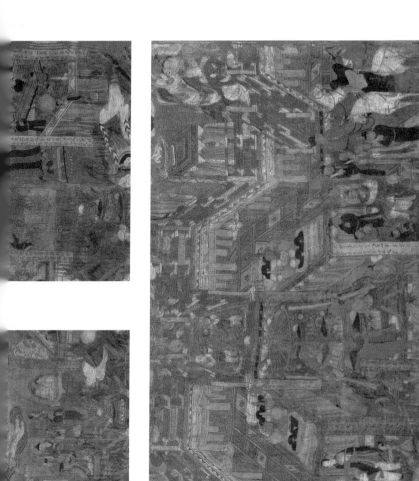

图版 9　弥勒净土图中的故事场景

图版 10　西方三圣图

图版 11　阿弥陀佛净土

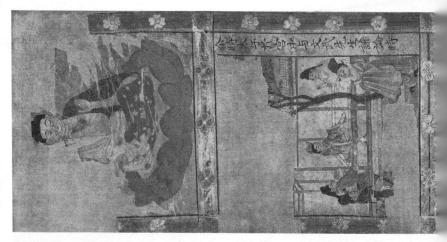

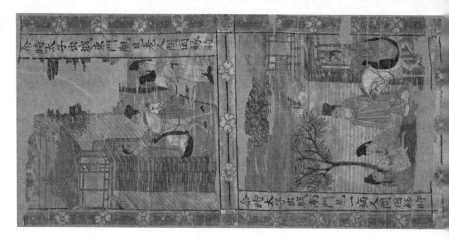

图版 12　佛传故事图

图版 13　佛传故事

图版 14 瑞相图

图版 15　二观音图

图版 16　四身观音菩萨像

图版 17　千手千眼观音像

图版 18　观音菩萨像

图版 19　双杨柳观音像

图版 20 观音菩萨像

图版 21　观音菩萨像

图版 22　两幅观音菩萨像

图版 23　六臂如意轮观音菩萨像

图版 24 　两幅纸本观音像

图版 25　两幅地藏菩萨像

图版 26　行道天王图

图版 27　广目天王和文殊菩萨

图版 28　天王半身像

图版 29　两位护法和一位菩萨

图版 30　一幅净土图的边缘场景

图版 31　吐蕃风格绿度母像

图版 32　菩萨、比丘及尊者纸本绘画

图版 33　隐士纸本绘画和龙马纸本绘画

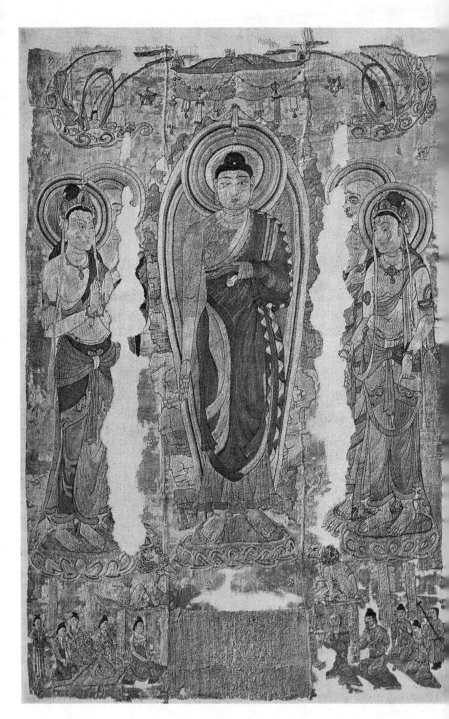

图版 34　刺绣释迦牟尼灵鹫山说法图

图版 35　刺绣释迦牟尼灵鹫山说法图

图版 36　药师净土图

图版 37　佛传故事场景幡画

图版 38　炽盛光佛像及引路菩萨像

图版 39　地藏十王图

图版 40　地藏菩萨像

图版 41　三幅菩萨像

图版 42 千手千眼观音像

图版 43　观音菩萨像

图版 44　观音菩萨像残片

图版 45　行道天王图

图版 46 恶魔童子绘画残片

西方毗樓勒叉天王

图版 47　三幅天王像幡画

图版 48　人物像残片